우리는 바이러스와 살아간다

우리는 바이러스와 살아간다

이재갑 … 강양구

뉴 노멀과 언택트, 연결과 밀도에 관하여

생각의힘

할 이야기가 넘쳐난다

이재갑

코로나19라는 단어만 들어도 지겹기까지 한 시간들이다. 벌써 7개월이 넘어가고 있으니 말이다. 그런데도 할 이야기가 넘쳐난다. 그만큼이나 우리 삶을 뒤흔든 감염병이다.

WHOWorld Health Organization(세계보건기구) 사무총장 테워드로스 아드하놈 거브러여수스는 코로나19의 세계적 대유행을 두고 "100년에 한 번 나올 최악의 보건위기"라고 말했다. 나는 짐 캐리가 출연한 영화 〈트루먼 쇼〉를 떠올렸다. 그처럼 거대한 몰래카메라이기를, '진짜'가 아니기를. 지금 이 상황은 감염내과 전문의인 나에게도 너무나 황당하게 다가왔기에, 어느 날 잠에서 깨면 거짓말같이 사라지는 트릭이기를 바라는 마음에서였다.

내과 전공의 2년 차였던 2001년, 나는 감염내과를 선택했다. "너희 집 돈 많냐?"는 말이 따라붙는 과를 전공한다고 하니, 우리 집 사정을 아는 친구들은 많이 의아해했다. 그러나 곧이어 너다운 선택이라는 말을 건네고는 했다. 나는 막연히 감염병이 외국에서 많이 발생하니 감염내과를 전공하면 해외 의료봉사에 도움이 되리라는 생각에 지원했다. 그런데 전공하고 보니 감염내과의 세계는 그리 단순하지 않았다.

전공의 4년 차였던 2003년, 사스SARS, Severe Acute Respiratory Syndrom(중증급성호흡기증후군)가 유행했다. 감염내과 치프였던 나는 스승 박승철 교수님의 부탁으로 사스와 관련한 국제심포지엄 준비를 도왔다. 교수님은 당시 국가 사스 자문위원회 위원장을 하셨던 분이다. 회진 때 자문위원장 하면서 느꼈던 것을 말씀해주시곤 했는데 스승님 이야기를 넋을 잃고 들었던 기억이 있다. '나도 언젠가는 저런 역할을 할 수 있을까?'

2009년은 한림대학교 의과대학에서 조교수 발령을 받은 해다. 전임 조교수 발령을 받고 즐거워한 것도 잠시, 3월 멕시코에서 유래된 신종플루(신종 인플루엔자 A·H1N1)가 미국을 거쳐 전세계로 확산되었다. 그 당시 박승철 교수님의 제자이자 나의 석박사 지도교수셨던 김우주 교수님께서 대한의사협회 신종감염병대응 태스크포스 위원장을 맡으셨고 나는 실무 지원을 위해 위원회에 합류했다. 스승의 스승과 함께했던 사스, 스승과 함께했던 신종 인플루엔자 대응 과정에서 감염병 전문가의 자세에 대해, 언론과의 관계에 대해, 민간 전문가로서 국가의 부름에 어떻게 응답해야 하는지에 대해 말로는 담을 수 없는 귀한 교훈을 얻었다.

2014년에서 2015년 사이 에볼라가 서아프리카에서 확산하고 우리나라에서 긴급구호대 파견을 결정했을 때, 망설임 없이 자원하여 시에라리온으로 떠났다. 사망률이 50퍼센트가 넘는 감염병 앞에 쓰러져가는 사람들을 보면서 무기력할 수밖에 없었다. 하지만 신종 또는 재출현 감염병에 대해 뼛속 깊이 느끼는 계기가 되었고, 준비되지 않은 상황에서 감염병을 맞으면 이렇게 속수무책일 수밖에 없다는 생각도 했다. 1월에 시작된 에볼라 긴급구호대 파견은 3월 말까지 이어졌다.

한국에 돌아와서 두 달이 지나지 않아 이번에는 메르스MERS, Middle East Respiratory Syndrome(중동호흡기증후군)의 광풍이 우리나라 병원들에 깊숙한 상처를 남겼다. 개인적으로 관심을 갖고 있던 '신종 감염병'과 '병원의 감염관리'가 동시에 주목받는 상황이 되었다. 전국에 있는 중소병원에서 메르스가 발생하면 어디든 달려갔다. 그리고 그 병원이 정상화할 수 있도록 확진 환자를 국가지정격리병원에 이송하고, 접촉자를 격리하고, 역학조사를 지원하면서 두 달여를 지냈다. 우리 병원에서도 확진 환자가 치료를 받았기 때문에 낮에는 발생 병원 컨설팅을 하고, 밤에는 메르스 환자를 치료하면서 시간을 보냈다. 그야말로 전국의 병원을 돌아다녔는데, KTX로 이동한 거리를 계산해보니 거의 6,000킬로미터에 육박했다.

돌이켜보면, 이렇게 지내온 시간들이 어쩌면 코로나19를 위한 길고 긴 훈련이었던 듯싶다. 사스 코로나바이러스-2SARS-CoV-2라 불리는 코로나19는 메르스와 신종 인플루엔자를 합친 듯한 형태로 우리나라를 찾아왔다. 지역사회에서 너무나도 빠르게 확산하면서 의료기관뿐 아니라 취약한 시설은 빠짐없이 공격하는 이 바이러스에, 정말이지 머리끝부터 발끝까지 전신의 털이 곤두서는 때가 한두 번이 아니었다.

코로나19와 함께 이렇게 7개월을 지냈다. 그런데 앞으로 이런 시간을 1년은 더 보내야 할 듯하다. 지칠 수밖에 없지만 지치면 안 되는 나날이 계속된다. 지금도 코로나19 환자의 격리 병실 근처 당직실에서 이 글을 쓰고 있다. 이제는 바이러스와 살아가는 일이 숙명인 것처럼 느껴진다. 어차피 겪어야 하는 일이라면 잘 겪어내고야 말리라는 각오를 다시금 해본다.

*

강양구 기자와는 메르스 때부터 인연이 있다. 2015년 6월 〈프레시안〉 인터뷰를 통해 만났는데, 나에게 과분한 칭찬을 해주었던 기억이 있다. 강 기자와 나는 세상을 바라보는 성향이 비슷하다. 정치적인 입장이나 과학을 향한 시선은 조금 다를 때가 있지만, 한쪽으로 치우치는 견해에 대해 결벽에 가까운 반응을 보이는 것과 불의한 것을 보면 발끈하는 모습에서는 가끔 형제 같다는 느낌을 받는다.

올해 3월 KBS 코로나19 특집 방송에 강 기자와 함께 출연하고 나서 집으로 가던 길, 이 책에 대한 제안을 받았다. 처음에는 나만 책 작업에 밀어 넣으려 하기에 "나는 글쟁이가 아니라 끝을 못 맺을 것 같으니 강 기자가 같이하면 하겠다"고 했다. 그렇게 공동 작업이 시작되었다.

1부에서는 코로나19와 함께한 지난 100일의 숨 가빴던 기록을 담았다. 틈이 날 때마다 페이스북에 짤막한 글을 남겨두었던 것이, 당시 중요했던 대목을 불러오는 데 큰 도움을 주었다. 어느 정도 시간이 흐른 지금, 이 글과 함께 한국 사회의 생생한 순간을 놓치지 않고 함께 복기해보았으면 한다.

2부와 3부는 강 기자와 나눈 대담으로 꾸려졌다. 바이러스와의 접촉을 시작으로, 우리 사회에 숨겨져 있는 그늘에 이르기까지 코로나19가 침투한 곳곳의 깊숙한 면면을 짚어보았다. 각자 이런저런 일로 바쁜 중에도 시간을 내서 만나면 우리의 이야기는 끝을 모르고 이어졌다. 방송이나 지면은 정해진 한계가 있기에 늘 못다 한 말이 있었는데 이번 작업에서는 그런 아쉬움 없이, 그야말로 원 없이 이야기할 수 있었다. 바이러스, 질병관리본부, 공공의료, 역학조사관, 숨겨진 그늘, 혐오, 방역과 정치, 뉴 노멀과 언택트 등의 키워드를 따라오다 보면 새로운 일상 속의 '연결'과 '밀도'에 관한 고민과 사유가 독자 여러분 안에서도 움트고 확장될 것이다.

나 혼자라면 도저히 할 수 없었던 작업을 강 기자와 함께했기 때문에 마무리할 수 있었다. 나는 맛있는 밥상에 숟가락만 얹었었다. 초보 저자를 다독이면서 책이 나오기까지 이끌어주신 김병준 대표님과 언제나 밝은 모습으로 작업을 즐겁게 만들어준 정혜지 편집자에게 고마움을 전한다.

차 례

1부

코로나19, 100일의 기록

2019년 12월 31일
모든 일이 시작됐다

"원인 불명의 집단 폐렴 발생"

2019년의 마지막 날 중국 정부는 WHO에 이 사실을 보고했고, 다음 날부터 국내 언론에도 보도되기 시작했다.

나는 이 소식을 듣자마자 2015년 한국에서 유행했던 메르스를 떠올렸다. 중동에서 2012년에 발생한 메르스 바이러스가 2015년 5월 20일 무방비 상태의 한국으로 들어와, 병원을 중심으로 186명을 감염시키고 그중 38명의 목숨을 빼앗았다. 당시 나와 강양구 기자는 감염내과 의사로서, 또 기자로서 이 사태의 중심에 있었다.

또 신종 바이러스인가? 불안했다. 아니나 다를까, 일주일 사이 상황은 긴박하게 돌아갔다. 1월 7일, 질병관리본부(질본)로부터 내게 다급한 전화가 걸려왔다.

"중국 우한을 방문하고 귀국한 사람이 폐렴 의심 증상이 있어, 한림대학교 동탄성심병원에 입원해 있다고 합니다."

동탄성심병원? 2015년 메르스 유행 때, 첫 사망자와 다수의 2차 감염자가 나왔던 병원이다.

이렇듯 뼈아픈 경험을 가진 동탄성심병원은 "우한에 다녀왔고", "폐렴 증세가 있다"는 환자의 말을 듣자마자 곧바로 격리 조치를 하고서 질본에 신고했다. 불확실한 정보만 갖고 있던 질본은 내게 현재 상황을 공유하고 다음 대응을 어떻게 해야 할지 자문을 구했다.

1월 8일, 국내에서 첫 번째 의심 환자가 발생했다는 사실이 공표되었다. 다음 날에는 원인 불명 폐렴이 '신종 코로나바이러스'일 가능성이 중국 과학자를 통해 세계로 전파되었다. 2003년 사스 코로나바이러스, 2012년 메르스 코로나바이러스에 이어서 21세기 들어 세 번째로 나타난 코로나바이러스였다. 같은 날, 중국에서 코로나19로 인한 첫 번째 공식 사망자가 발생했다.

2020년 1월 10일

첫 회의

오전 여덟 시. 질본의 '민간감염병전문가 자문회의'가 서울 모처에서 열렸다. 전치형 카이스트 과학기술정책대학원 교수가 "훗날 한국의 코로나19 대응을 복기할 때 반드시 등장하게 될 몇몇 회의" 가운데 하나라고 표현한 그것이었다. 이 자리에는 정은경 질병관리본부장의 주재로 감염내과, 호흡기내과, 예방의학과, 진단검사의학과, 역학 등 여러 분야의 전문가 열 명 정도가 함께했다. 코로나19 유행 내내 언론을 통해서 익숙하게 등장할 이들이었다. 나도 그 자리에 있었다.

"자, 이제 시작해볼까요?"

정은경 본부장이 긴장된 목소리로 말문을 열었다. 회의 참석자들이 이구동성으로 가장 먼저 질본에 확인을 요구한 것은 다름 아닌 '정보'였다. 코로나바이러스라고 확인된 정보 외에 우리가 쥐고 있는 정보가 얼마나 되느냐에 관한 것이었다.

"중국 정부와 의사소통은 잘 되고 있나요? 우리가 필요한 정보를 충분히 전달받고 있는지 확인해야 합니다."

"사람 간 전파가 이루어지나요? 의료진 감염은 어떤가요? 지역사회 감염 양상으로 나타나고 있는지도 확인해야 합니다."

"아직 바이러스의 유전 정보를 전달받지 못했잖아요. 그럼 첫 번째 의심 환자를 어떻게 진단해야 할까요?"

"지역사회에 확산되었을 경우, 감시체계는 잘 작동할까요?"

중구난방 다양한 의견이 오갔다. 사실상 중국으로부터 제공받은 정보가 거의 없었다. 우리가 갖고 있던 정보는 중국 언론에서 발표한 수준 정도였다. 이런 정보 은폐는 중국 정부가 나중에 비판받는 이유가 되기도 했다. 내가 보기에 중국 정부는 정보를 제공하지 않은 것을 넘어 거짓을 말하기도 했다. 예를 들어 당시만 하더라도 중국 정부는 언론 발표를 통해 "사람 간 전파", "의료진 감염", "지역사회 감염 양상" 모두를 부인했다. 이때 중국이 "노No"가 아니라 "모른다"고만 답했어도 이후 전 세계 국가의 대응 방향은 크게 달라졌을 것이다. 사실 알면서도 은폐한 것인지, 혹은 정말 모르고 있었던 것인지는 당사자인 중국 정부만 알고 있으리라. 그러나 어떤 상황이었건 초기 대응과 이후 정보 전달을 둘러싼 부분은 비판받을 수밖에 없는 대목이다.

이날 회의는 '구름 낀 뿌연 하늘'을 헤집듯, 정보가 부재한 상황 속에서도 어떻게든 해답을 찾아보고자 애쓴 시간이었다.

"국내에도 의심 환자가 한 명 발생했습니다. 서둘러 진단할 방법을 찾지 못하면 상황이 더욱더 악화됩니다."

모르는 것, 불확실한 것투성이였지만 당장 의심 환자를 진단할 방법을 찾아야 했다.

다행히 백지상태는 아니었다. 코로나19 의심 환자가 발생하기 불과 20일 전인 2019년 12월 17일, 질본의 '원인 불명 감염병 진단 분석 태스크포스'는 중국에서 코로나바이러스가 발생해 국내에 유입된다고 가정한 시나리오를 놓고 도상 훈련을 실시한 적이 있었다. 2015년 메르스의 급습에 속수무책으로 당하고 나서 질본은 언제, 어떻게 나타날지 모를 바이러스 유행에 대비해 꾸준하고 묵묵히 연구와 훈련을 거듭해왔다. 공교롭게도 12월 훈련에서 중국에서 들어올 가상의 바이러스로 코로나바이러스를 지목한 것도 '신의 한 수'였다. 2003년 사스 코로나바이러스, 2015년 메르스 코로나바이러스의 유행을 염두에 두고서 신종 코로나바이러스가 등장할 가능성을 가정한 것이다. 그때만 하더라도 이미 중국의 후베이성에서 진짜 신종 코로나바이러스가 자신의 먹잇감을 찾아 은밀하게 세력을 넓혀가고 있을 줄은 꿈에도 생각하지 못했다.

결과적으로 12월 훈련의 가장 중요한 성과는 '배제 진단'을 통한 '판코로나 검사법'의 개발을 시작한 것이었다. 미지의 코로나바이러스 유전 정보를 확보하지 못한 상황을 가정하고, 의심 환자의 검체에서 확보한 코로나바이러스의 유전 정보가 메르스 등 기존에 알려진 여섯 가지 코로나바이러스와 일치하지 않으면 '신종' 코로나바이러스라고 간주하기로 판정하는 것이다. 1월 10일 회의에서도 이 '판코로나 검사법'으로 첫 번째 의심 환자를 검사하기로 했다.

이때만 하더라도 내 마음은 무거웠다. 검사법을 세팅하는 데만도 최소 2~3일에서 길게는 일주일이 걸릴 것이라고 예상했기 때문이다. 하지만 메르스 유행 때와 비교하면 질본은 훨씬 더 기민하고 유능했다. 불과 몇 시간 만에 판코로나 검사법이 세팅되었고, 질본은 다음 날(1월 11일) 의심 환자는 '신종 코로나 바이러스와 관계가 없다'고 판단했다.

하지만 안심하기는 일렀다. 1월 19일 우한에서 한국으로 입국한 중국인 한 명이 인천공항 검역 과정에서 의심 환자로 분류되었다. 그를 상대로 판코로나 검사법을 적용한 결과, 양성 반응이 나타났다. 1월 20일 질본은 대한민국에서 첫 번째 코로나19 확진 환자가 발생한 사실을 공식 발표했다. 코로나19 바이러스와의 전쟁이 시작된 것이다.

1월 26일

3번 확진 환자: 바이러스가 정체를 드러내다

1월 11일부터 20일 사이, 머릿속에서 끊임없이 이어진 의문이 있었다. 중국 방역 당국이 '전파 양상'을 정확하게 공표하지 않았기 때문이다. 중국 방역 당국은 계속해서 "가족 간 전파가 잘된다"는 사실만 언급한 채, '지역사회 감염'에 관해서는 '노코멘트'를 유지했다. 앞뒤가 맞지 않는 발표였다. 가족 가운데 의사, 간호사 등 의료진이 포함돼 있다면 '가족 간 전파'는 언제든지 '의료진 감염'으로 이어질 수 있다. 또 '가족 간 전파' 사례가 많아지면 광범위한 '지역사회 감염'도 불가피하다. 이런 상황에서 중국 내 확진자 수(1월 26일 0시 기준 신규 확진 환자 688명, 전국 확진 환자 1,975명, 사망자 56명)가 빠르게 늘어나기 시작하자 말로 표현할 수 없을 정도로 엄청난 불안감이 엄습해왔다.

아니나 다를까 1월 25일, 우한에서 입국한 3번 환자가 확진 판정을 받았다. 이어서 그와 함께 식당에서 한 시간 정도 밥을 먹었던 6번 환자가 확진 판정을 받았다(1월 30일). 6번 환자의 가족 두 명(10번과 11번)도 잇따라 확진 판정을 받았다(1월 31일).

솔직히 말하자면, 이때 나는 입 밖으로 터져 나오려는 세 글자를 간신히 참았다. 아니, 어쩌면 나도 모르게 뱉어버렸는지도 모르겠다.

"망했다."

한국의 대다수 감염병 전문가들도 같은 마음이었을 것이다. 신종 코로나바이러스가 2015년 한국을 덮쳤던 메르스와 완전히 다르다는 것이, 국내에서 처음으로 확인된 순간이었다.

엎친 데 덮친 격으로, 역학조사 과정에서 3번 환자의 증상 발현 시간을 놓고서 혼선이 있었다. 3번 환자의 증상이 약하다 보니 그것이 언제 시작한 것인지 확신하기 어려웠다. 불확실성을 염두에 두고서 방역 당국이 감염이 의심되는 접촉자의 범주를 '여섯 시간' 앞당기자 '6번 환자'와의 접촉 사실이 나왔다. 앞에서 언급한 대로, 6번 환자는 한 시간의 식사를 통해서 바이러스에 감염이 되었고, 이후 가족(10번, 11번)에게도 전파를 하고 말았다. 정신을 가다듬고 상황을 복기했다. 이때 우리를 괴롭히는 이 바이러스의 중요한 특징 세 가지를 확인했다.

첫째, 감염 초기에 감염자가 인지하기 어려울 정도로 아주 가벼운 증상을 보일 때도 전파가 가능하다.

둘째, 한 시간 정도 같이 식사를 하는 정도로도 바이러스가 전파될 만큼 전파력이 높다.

셋째, 가족 가운데 환자가 나오면 다른 가족 구성원에게도 전파될 가능성이 아주 크다.

결과적으로 3번 환자에서 6번 환자로 바이러스가 전파되면서, 처음으로 이 바이러스의 전파 양상을 확인할 수 있었다. 이즈음인 1월 말을 기점으로 방역 지침도 조정되었다. 당시까지의 역학조사는 환자의 동선에 따라 그와 접촉한 사람을 '일상 접촉자(단순 접촉자)'와 '밀접 접촉자'로 나누었다. 하지만 이후부터는 바이러스의 전파력을 염두에 두고 단순 접촉자와 밀접 접촉자를 따로 구분하지 않고서 모두 '접촉자'로 분류했다.

투명한 리더십

이 와중에도 내가 눈여겨본 것 가운데 하나는 방역 최고 책임자 정은경 본부장의 대응이었다.

> "(3번 환자를) 2차 조사하는 과정에서 6번 환자의 접촉 강도를 재분류했어야 했습니다. 이때 그를 밀접 접촉자가 아니라 일상 접촉자로 관리한 오류가 있었습니다."

2차 감염(6번), 3차 감염(6번 환자의 가족)으로의 전파가 처음으로 확인된 상황에서 정은경 본부장이 질본의 실수를 명확히 밝

히고 사과한 것이다. 이 사건을 접하자마자 내 머릿속에 떠오른 말은 '투명한 리더십'이었다. 그 뒤로도 정은경 본부장은 질본을 비롯한 방역 당국이 현재까지 파악한 내용을 투명하게 공개했다.

1월 27일, 감염병 위기 경보도 '주의'에서 '경계' 단계로 올라갔다. 6번 환자의 사례를 통해 지역사회 전파가 충분히 가능하다는 것을 확인한 이상, 꼭 필요한 조치였다. 신종 감염병의 공식 명칭은 '신종 코로나바이러스 감염증'이다. 돌이켜보면, 이 시점만 하더라도 우리는 이 새로운 바이러스에 대해 모르는 것이 훨씬 많았다.

1월 27일
서울역에서 탄생한 검사 시스템

이 무렵 전 세계가 한국의 빠르고 효율적인 검사 시스템에 주목하기 시작했다. 우선 판코로나 검사법으로 의심 환자를 검사하는 과정에서 중국 정부가 코로나19 바이러스의 유전 정보를 공유했다. 그렇게 공유받은 유전 정보를 이용해서 '실시간 역전사 중합 효소 연쇄 반응RT-PCR'에 기반을 둔 코로나19 분자 진단법을 마련했다. 질본이 중심이 되었고, 대한진단검사의학회와 식품의약품안전처 등이 협력해 분자 진단법을 세팅했다.

1월 27일, 서울역 안쪽 회의실에서 이후 소위 'K-방역'의 특징으로 칭송받을 만한 대량 검사의 물꼬가 트였다. 질본, 대한진단검사의학회, 대한임상검사정도관리협회와 씨젠, 코젠바이오텍 같은 민간 진단키트 제조기업 관계자가 함께했다. 이 자리에서 질본은 민간기업에게 진단키트 지침을 제시하면서 대량생산을 요청했다. 민간기업에서 생산한 진단키트는 질본에서 신속하게 유효성 평가를 하고 식품의약품안전처에 긴급 사용승인을 요청하기로 했다. 이렇게 민간기업이 생산한 진단키트를 질병관리본부, 국립인천공항검역소와 전국 18개 보건환경연구원뿐만 아니라 전국의 의료기관에 공급하여 의심 환자를 검사하기로 했다.

이미 신종 코로나바이러스 등장 소식을 접하자마자 진단키트 개발을 서둘렀던 씨젠, 코젠바이오텍 등 국내 기업은 약 2주 만에 유효성 평가를 끝내고 나서 긴급 사용 승인까지 받았다. 예컨대, 나중에 문재인 대통령이 직접 방문해서 국내외로 화제가 된 씨젠은 1월 27일 만남 이후 2주 만인 2월 12일에 긴급 사용 승인을 받았다. 허가 과정에 통상 6개월이 걸리는 것을 염두에 둔다면 대단한 속도전이었다. 씨젠의 제품은 코로나19 바이러스의 전체 유전자 가운데 세 가지 목표 유전자(E gene, RdRP gene, N gene)를 겨냥해 검사하는 진단키트다.

질본을 비롯한 한국 방역 당국이 검사 권한을 정부기관으로 제한하지 않고, 자체 검사 역량을 갖춘 일선 의료기관도 검사할 수 있도록 민관 협력을 선택한 것도 결과적으로 탁월한 선택이었다. 민간기업이 대량 생산한 진단키트를 사용해 정부기관과 의료기관이 분담해서 검사함으로써 다른 나라와는 비교할 수 없을 정도의 빠른 속도로 대량 검사가 가능했다. 이는 한국이 코로나19 바이러스 방역에 성과를 낼 수 있는 중요한 조건이었다.

1월 30일

'중국인 입국 금지' 논쟁

초기 방역 시기에는 그야말로 그날그날, 앞만 보고 달렸다. 매번 가장 중요한 질문은 "그래서 앞으로 무엇을 할 것인가"였다. 잘못한 부분은 서둘러 분석해서 보완했으며, '3일', '일주일' 식으로 계획을 세우고 시간을 쪼개서 그때그때 할 일을 찾았다. 방역 당국과 국가지정격리병원, 일선 의료기관의 의료진이 서서히 지쳐가는 시기였다.

두려움 속에서도 눈앞에 닥친 일을 처리하느라 손을 놓지 못하던 이때, 새로운 논란이 터졌다. '중국인 입국 금지' 이야기가 조금씩 나오기 시작한 것이다.

> "신종 코로나바이러스 확산… 중국인 입국 금지 청원 사흘 만에 21만 명 돌파"

1월 26일에는 대한의사협회가 아래와 같은 내용의 담화문도 발표했다.

"최초 발병국인 중국의 전국적인 사태의 추이를 면밀히 주의하여 최악의 경우에는 중국으로부터의 전면적인 입국 금지 조치 등 가능한 모든 조치를 위한 행정적 준비를 당부한다."

이러한 '중국인 입국 금지' 문제는 이후로도 오랜 시간, 숱한 논쟁을 낳았다. 나도 여러 차례 이에 대한 생각을 밝혔다. 중국인 입국 금지는 옳지 않다. 지금도 이 생각에는 변함이 없다. WHO는 비상 상황에서 어떤 원칙을 가져야 하는지를 반복해서 강조한 바 있다. 그 어떤 감염병이 유행할지라도 사람의 교류와 물류의 교역에는 제한을 두지 않아야 한다는 것이다.

WHO가 단지 도덕적인 이유에서만 이렇게 강조한 것은 아니다. 방역의 실효성, 즉 입국을 금지해도 실익이 없기 때문이다. 중국에서 들어오는 외국인의 입국을 금지한다고 하더라도, 중국 교민의 입국을 막을 방법은 없다. 한국에 굳이 들어오려는 중국인은 경유지를 통해서 출국지를 속이는 방법으로 국내에 들어올 것이다.

물론 전문가 사이에서도 의견은 갈렸다. 공교롭게도 내가 속한 감염학회는 "필요하다면 (방역을 위해서) 중국인 입국 금지를 해야 한다"는 입장이었다. 중국에서 출발한 입국자가 늘어날수록, 공항 검역 등 한국의 방역 체계에 주는 부하가 커지기 때문에 적극적으로 중국인 입국 금지까지 고려해야 한다는 논리였다.

1월 말 당시만 하더라도 하루에 진단검사를 할 수 있는 역량이 1,000건 정도였다. 그런데 후베이성 우한을 넘어 전국으로 바이러스가 확산하고 있는 중국에서 많은 사람이 한국으로 들어온다면, 우리의 방역 체계가 감당하지 못할 수도 있던 상황이었다. 입국자 숫자의 절대량을 줄여야 했다. 나는 입국 금지를 명확히 반대했지만, 이해가 되는 측면이 있었다.

이렇듯 마음의 갈등을 안고 2월 2일 문재인 대통령과 전문가가 면담하는 자리에 참석했다. 이 자리에서 문 대통령도 중국에서 출국하는 외국인의 입국 금지 문제를 놓고 고민하고 있음을 솔직히 털어놓았다. 나는 입국 금지에 반대하는 내 개인적인 생각을 솔직하게 털어놓고 나서, 입국 금지가 필요하다는 다른 전문가의 주장도 함께 소개했다.

"대통령님. 사실 '입국 금지' 카드는 저를 포함한 의사들이 가타부타 말씀드릴 부분은 아닙니다. 우리는 의심 환자를 진단하고, 확진 환자를 치료하고, 더 나아가 지역사회 감염으로 이어질 수 있는 최악의 상황에 대비하는 일에 총력을 기울여야 합니다. 입국 금지는 방역의 관점뿐만 아니라 외교를 비롯한 다양한 변수까지 함께 고려해야 할 문제입니다."

이어서 솔직하게 이야기했다.

"다만, 인천공항 선별진료소를 포함한 지역의 선별진료소에 감당 불가능할 정도로 의심 환자가 모여서 방역 체계가 무너지지 않는 현실적인 방안을 고민해주시면 좋겠습니다. 만약 이런 방안만 확인이 된다면 입국 금지를 해야 한다고 주장하는 의사를 포함한 전문가도 정부의 판단을 존중하리라 생각합니다."

대통령은 어떤 보좌진보다 상황을 꿰뚫고 있었다. 우리 전문가들의 의견을 예정된 한 시간을 훌쩍 넘어 두 시간 동안 경청했다. 그러나 이미 정부의 입장은 정해져 있었다. 대통령과 면담하는 중에 "우한을 포함한 후베이성에서 입국하는 외국인을 막겠다"는 정세균 국무총리의 발표가 나왔다.

"2월 4일 0시부터 지난 2주 안에 중국 후베이성을 방문했거나 체류한 모든 외국인에 대해 입국을 전면 금지한다."

수개월이 지난 지금의 시점에서 '중국인 입국 금지' 논쟁을 어떻게 평가해야 할까? 그 후에도 여전히 1월 말이나 2월 초, 설왕설래가 있던 시점에 중국에서 들어오는 모든 입국자를 막았다면 뒤에 등장할 대구-경북의 대유행을 막을 수 있었다는 사후적인 해석이 난무하다. 과연 그랬을까?

단정하기는 조심스럽지만 내 판단으로는 그때도 이미 늦었다. 대구-경북의 유행 시작을 알린 31번 환자가 확진 판정을 받은 게 2월 18일이다. 방역 당국은 31번 환자의 증상이 발현된 시기를 일주일 전인 2월 11일 전후로 파악했다. 31번 환자의 진단 이후 신천지 내에서의 감염자가 동시에 수백 명이 발생한 것으로 보아, 31번 환자가 신천지 내 첫 번째 환자가 아니라 이미 이전부터 그 안에서는 코로나19가 유행하고 있었던 것으로 보이며 이는 방역 당국도 확인한 사실이다.

다수의 방역 전문가는 여러 명의 환자가 1월부터 신천지 내에 유입되었고, 2월 초에는 이미 많은 수가 감염되었다가 31번 확진자가 진단되면서 대구 신천지 교회의 환자 발생 상황이 세상에 알려진 것으로 보고 있다. 이 분석을 토대로 한다면, 1월 말 또는 2월 초에 중국인의 입국을 금지했더라도 신천지 내에서의 유행은 막을 수 없었을 것이다. 만약 중국에서 WHO에 신종 감염병 발생 사실을 신고한 12월 31일이나 원인균이 신종 코로나바이러스로 확인된 1월 10일 이전에 중국발 입국을 금지했더라면, 효과가 있었을 수도 있다. 하지만 그때는 한국뿐만 아니라 중국발 입국을 금지할 수 있을 정도의 근거를 가진 나라는 전 세계에 한 곳도 없었다.

결과를 알고 난 후에 "내가 그럴 줄 알았어" 하면서 그것을 예측할 수 있었던 것처럼 여기는 사후확신 편향hindsight bias을 언제나 조심해야 한다. 모든 세상일이 마찬가지지만 방역은 특히 그때그때의 불확실한 정보로 최선의 결정을 내릴 수밖에 없다. 중국 입국 금지를 둘러싼 소모적인 사후 논쟁은 전형적인 사후확신 편향이다.

이 대목에서 미국 이야기를 해보자. 미국이 바로 이때 입국 금지 조치를 취했다. 1월 31일 트럼프 대통령은 중국발 여행객의 입국 금지를 발표했다. 이어서 이탈리아, 일본 등이 하루 이틀 사이로 문을 닫았다. 사실 외국의 이런 움직임 때문에 한국에서도 입국 금지 논쟁이 더 끓어올랐다. 소위 선진국이 다 막고 있는데, 우리는 이대로 괜찮겠냐는 것이었다.

하지만 그렇게 국경을 막고서 방심한 탓에 미국은 초기 방역에 실패했고, 뉴욕을 비롯한 동부 지역의 의료 체계가 붕괴하는 상황까지 직면했다. 8월 현재 미국 서부를 포함한 다른 지역에서 여전히 환자가 쏟아지고 있다. 가장 먼저 중국발 입국 금지를 시행했던 미국의 실패는 어떻게 설명할 것인가?

코로나19 유행이 시작한 지 어느덧 반년이 넘었다. 전 세계적인 대유행이다. 그리고 외국과의 인적·물적 교류가 많은 전 세계 여러 나라 가운데 한국은 결국 유일하게 문을 열어놓은 나라가 되었다. 입국 금지를 둘러싼 여러 논란이 있었지만, 감염병이 창궐하는 가운데서도 문을 닫지 않았다는 점은 앞으로의 '국제 협력'에서 큰 자산이 될 것이다.

2월 초

아슬아슬, 조용조용

수도권 지역사회 감염의 첫 번째 사례이자 전파 경로를 쉽게 파악할 수 없었던 29번-30번 부부 환자가 2월 중순에 확진 판정을 받기 전까지, 2월 초는 그야말로 긴장 속에서 살얼음판을 걷는 기분이었다. 해외에서는 3,000여 명이 탑승한 대형 크루즈선 '다이아몬드 프린세스' 호에서 집단감염이 발생하며 일본의 방역 당국이 발칵 뒤집혔지만, 국내는 사실 소강상태였다.

물론 아슬아슬한 순간이 없지는 않았다. 16번 환자가 그중 하나다. 1월 중순 태국 여행에서 돌아온 후 오한 및 발열 증상을 보였지만, 중국에 다녀온 것은 아니었기에 코로나19를 의심하지 않았다. 당시 환자 본인이 방역 당국에 신고했음에도 "중국 방문 이력이 없다"는 이유로 검사를 거부당했기에, 추후 질본과 보건소로 비난이 쏠리기도 했다.

광주21세기병원에서 폐렴 치료를 받았던 16번 환자는 인대봉합수술을 위해 같은 병원에 입원 중이던 딸과 한 병실에서 생활했다. 그리고 이 과정에서 결국 딸 또한 18번 환자로 확진 판정을 받았다. 처음으로 병원 내 전파가 발생한 것이다. 병원은 서둘러 문을 닫았다. 메르스 때처럼 병원 내 무더기 감염이 우려되는 긴박한 상황이었다.

이때 나는 방역 당국에 자문하는 전문가 수십 명(최대 73명)으로 구성된 '범학계 코로나바이러스감염증-19 대책위원회(범대위)' 소속으로 질본 등과 긴밀하게 협력하던 상황이었다. 21세기병원이 폐쇄된 날(2월 4일), 광주에 내려가 있는 질본 관계자로부터 전화가 걸려온 것도 이 때문이었다. 수화기 너머로 다급한 목소리가 들려왔다.

"메르스 당시 병원에서 현장 경험을 해본 질본과 광주의 역학조사관이 여기(광주21세기병원)에는 한 명도 파견이 안 되었어요. 어떻게 하면 좋을까요, 교수님?"

"그럼 저라도 내려가면 도움이 될까요?"

"그렇게 해주시면 정말 고맙겠습니다."

무엇을 어떻게 해야 하는지 그곳에 있는 아무도 모르는 상황이었다. 이날 있었던 범대위 두 번째 회의가 끝난 시간은 오후 여덟 시. 마침 서울역 근처였다. 급히 내려와 달라는 말에, 가장 빨리 출발하는 기차를 잡아타고 광주에 내려갔다. 광주 21세기병원에 도착하니 밤 열 시 반이었다.

역시 아무런 상황 정리가 되어 있지 않았다. 메르스를 겪으며 여러 감염 병원을 자문하면서, 나는 이런 일이 발생했을 때 어떻게 조치해야 하는지에 관한 프로토콜을 만들어둔 바 있다.

그래서 그 프로토콜을 전달하면서, 병동 전체가 메르스 당시 감염병 유행의 중심에 있었고 성공적으로 환자와 접촉자를 격리한 대전의 ○○병원과 같은 대처를 해야 한다고 안내했다. 확진자가 발생한 병원은 치료 가능한 병원으로 확진자를 전원하고 역학조사를 통해 접촉자의 범위를 정하여 신속하게 격리 방법을 결정해야 한다. 병원 내 격리가 가능하면 그렇게 해야 하지만 병실이나 의료진 상황이 여의치 않으면 현재 격리된 사람을 다른 병원으로 보내든지, 아니면 그들만 남기고 접촉이 없었다고 판단된 다른 사람을 움직이든지 결정해야 했다. 근처 지역의 군 병원을 빼든, 공공병원을 빼든 환자들을 받아줄 병실을 확보해야 하는데 찾기가 쉽지 않았다. 광주21세기병원은 규모는 작았지만, 병실 개수는 많은 편이었다.

고민 끝에 접촉자를 남기기로 하고, 중앙사고수습본부(중수본)가 구성되자 그곳에도 조치 사항을 전했다. 급한 대로 상황을 잠재우고 서울로 올라왔다. 새벽 세 시였다. 다행히 광주21세기병원에서는 추가 환자가 나오지 않아서 최악의 상황을 막았다.

지금 생각해도 가슴을 쓸어내리는 사례다. 광주21세기병원 병원장은 16번 환자가 중국이 아닌 태국에 다녀왔지만 호흡기 증상과 발열이 동반된 폐렴이 진단되자 바로 코로나19 감염을 의심하였고 검사 차 인근 보건소에 보냈지만, 보건소는 역학적 연관성이 없다는 이유로 검사를 시행하지 않았다. 병원장은 그런데도 의심을 떨칠 수 없어 모녀를 2인실에 격리해서 다른 환자나 보호자와의 접촉을 최소화했다. 그런 기민한 조치가 이 병원이 바이러스 확산의 온상이 되는 것을 막았다.

이렇게 아슬아슬한 일이 여기저기서 벌어지고 우여곡절 끝에 수습되는 과정을 보면서도, 나는 계속해서 불안한 마음을 감추지 못했다. 24시간 긴장의 연속이었다. 서아프리카의 에볼라 바이러스 유행 지역에 파견을 나가고 메르스와 싸우면서 얻은 귀한 자산이 있다면, 쉽게 안심하지도 쉽게 좌절하지도 않는 평정심이었다.

2월 초에 특히 불안했던 일은 일본에서 잇따라 들려온 소식 때문이었다. 처음에는 관광버스 운전기사 확진 소식이 들렸다(1월 28일). 이 남성은 1월 8~11일과 1월 12~16일 중국 우한에서 온 관광객을 태운 버스를 운전하고 나서 확진 판정을 받았다. 우한 관광객에게 감염이 되었다.

2월 13일에는 도쿄에서 택시를 운전하는 70대 운전기사가 확진 판정을 받았다. 이 운전기사로부터 바이러스가 전파된 80대 장모는 13일 일본에서 코로나19로 사망한 첫 번째 환자가 되었다. 둘 다 지역사회 감염이 확산하는 전형적인 패턴이었다. 정신이 번쩍 들었다. 한국 역시 지역사회 감염에 대비해야 한다고, 강하게 목소리를 내기 시작한 것도 이때부터였다.

그러나 이런 목소리는 반향이 적었다. 하루 확진 환자 수가 한 자릿수 이하로 나타나는 일이 2월 중순까지 2주 가까이 계속되었기 때문이다. 방역 당국도 긴장감을 늦추지 못하면서도, 내심 이렇게 유행이 수습될 수도 있겠다는 희망을 품었다. 그 연장선에서 대통령도 2월 12일 "바이러스에 위축되지 말고 다시 일상생활을 해달라"고 말했다.

상황이 급변했다. 2월 16일, 17일에 각각 29번-30번 부부 환자가 서울에서 발생했다. 그들의 감염 전파 경로는 오리무중이었는데, 전형적인 지역사회 감염의 양상이었다. 그들의 전파 경로를 확인하는 과정에서 2월 18일 대구에서 31번 환자가 발생했다. 2월 19일에는 청도대남병원에서 환자 한 명이 폐렴 증세로 사망하고 나서, 확진 판정을 받았다. 첫 사망자였다.

바야흐로 폭풍이 오고 있었다.

2월 18일

대구: 대유행의 시작

1월 26일 3번 환자에서 6번 환자로 전파가 일어나는 상황을 보면서 코로나19의 지역사회 내 전파력이 예상보다 강하다는 판단이 들었다. 당시 우리는 해외 입국자들만 진단하고 있었기에, 지역사회 내에서 가벼운 증상을 통해 전파가 일어나면 확인할 수 없다는 문제가 있었다. 지역사회 내 전파에 대한 감시를 시작해야 한다고 방역 당국에 여러 번 의견을 전달하였지만, 방역 당국은 이를 감시할 뾰족한 방법을 찾지 못하고 시간만 보내고 있었다. 지역사회에서 언제든 폭발적인 환자 발생이 생길 듯해 안타깝고 두려운 마음으로 며칠을 보냈다.

2월 8일 페이스북에 이렇게 썼었다.

"폭풍전야라고 할까요? 뭔지 모를 조용함과 마음속의 동요가 교차하고 있습니다. 오후 여섯 시에 동료들과 만나서 지금의 상황에 대해 이야기를 하려고 합니다. 무언가 되는 것도 없고, 안 되는 것도 없는 시간이 흘러가고 있습니다. 지역사회 전파가 시작된 것은 아니지만, 언젠가는 시작될 것이라 생각하고 준비를 철저히 할 때이지만……. 지난주부터 꼭 준비가 되어야 한다고 조언한 내용들이, 계속 미루어지고 있고 답이 없는 경우도 있습니다. 누군가는 준비하고 있겠거니, 하고 기다리기엔 상황이 녹록지 않습니다. (중략) 최악의 상황이 발생하지 않기를 바랍니다. 하지만 다음 단계를 준비해야 하는 사람들은 최악의 상황까지 고려하여 단계적인 해결 방법을 준비해서 우리나라의 피해 최소화 전략을 제시할 수 있어야 합니다. 이번 주말이 이런 체제 정비의 마지막 기회일 수도 있는데……. 그냥 바라만 보고 있으려니 답답한 마음만 가득합니다."

그때 감염병 전문가들은 계속해서 이런 이야기를 주고받았다. 하지만 세상의 관심은 어느새 '바이러스'에서 '기생충'으로 바뀌고 있었다. 2월 10일 미국 아카데미상 시상식에서 봉준호 감독의 영화 〈기생충〉이 아시아 영화로는 최초로 감독상과 작품상을 포함한 4관왕을 받으면서 전국이 축제 분위기가 되었기 때문이다.

나는 2월 12일에도 페이스북에 비슷한 글을 하나 더 남겼다. 바쁜 와중에도 시간을 내서 한 문장 한 문장 엄지손가락으로 꾹꾹 눌러 적어 마음속의 이야기를 쏟아내고 나면, 이상하게도 위안이 되고 실낱같은 희망이 솟았다.

"잠시 길을 잃었던 것 같습니다. 남들에게는 낙관적으로 보면 안 된다고 하면서도 저도 벌써 그렇게 되어가고 있던 것은 아닌지……. 이웃 나라 일본이 심상치 않습니다. 여행력 없는 80대 여성 사망자, 택시기사의 감염, 병원 의사의 감염까지. 지역사회 감염의 조짐이 일본에서 시작되는 걸 보면서 우리 안의 느슨함을 다시금 조여야 한다는 생각입니다. 이제 다시 시작하겠습니다."

나와 감염내과 동료들이 지역사회 내 유행에 대해 걱정한 이유는 다음과 같다. 사실 지역사회 감염이 본격적으로 시작되면, 많은 양상이 달라지리라는 것은 불 보듯 빤했다. 그 전까지는 해외여행을 다닐 여력이 있는 50대 이하 청장년층이 주요 대상이었다면, 이제는 60대 이상 노인이나 기저 질환이 있어서 동네 병원을 드나드는 환자들 또한 바이러스에 노출될 수밖에 없었다. 그들은 코로나19에 취약했고, 따라서 사망할 가능성도 크다.

또 한국처럼 보건의료 인프라가 갖추어진 곳이라고 하더라도 환자가 급증하면 얼마든지 여러 문제가 따라올 가능성이 있었다. 병원 내 전파, 의료진 감염, 진단 역량 부족, 음압격리병실 부족, 환자의 지역사회 전파 등 중국 우한에서 발생하던 일이 우리나라 어느 지역에서건 발생할 수 있었다.

정치인 일부는 환자 발생이 잠시 줄어드니 낙관적인 전망을 하고 있던 그 시점, 방역 당국은 지역사회 유행에 대한 계획을 가까스로 세우려던 바로 그 시점인 2월 18일에 31번 환자가 발생했다. 대구-경북의 대유행이 시작된 것이다. 아무리 감염병 전문가라고 한들, 나도 소식을 듣자마자 공포에 휩싸였다. 그러나 마음을 다잡아야 했다. 2월 19일 페이스북에 이런 글을 올린 것도 이 때문이었다. 위기감이 극에 달했던 나 자신에게 하는 말이었다.

"두려워하기보다는 어떻게 이겨낼지를 고민하겠습니다. 어떻게 하면 피해를 최소화하고 국민들을 보호할 수 있을지, 지금까지 고민했던 것을 바로 실행에 옮기겠습니다. 위기의 극복은 언제나 국민들이 움직였을 때 가능했습니다."

감염내과 의사로서의 삶을 살기로 마음먹고 정진하던 내과 4년 차 때인 2003년 당시는 사스가 유행이었다. 내가 근무하던 고대 안암병원에는 신종 감염병의 대가인 박승철 교수님이 계셨다. 정부와 협력하며 사스에 대한 방역 관련 자문을 하셨던 이야기를 아침 환자 브리핑 때나 회진 때 해주셨던 기억이 있다. 한림대학교에서 조교수 발령을 받았던 2009년에는 신종플루가 있었다. 이때 나는 스승인 고대구로병원 김우주 교수님을 도와 실무를 맡으며 열심히 방역 현장에서 뛰었다. 2015년에는 에볼라 긴급구호대 2진 대장으로 서아프리카로 파견 가서 현지에서 환자를 진료했다. 같은 해 여름에 메르스도 있었다. 김우주 교수님이 즉각대응팀장을 맡았고, 나는 대응팀원으로 참여하며 메르스로 위기에 처한 중소병원을 방문해서 컨설팅과 자문을 담당했다. 그리고 2020년, 코로나19가 찾아왔다.

주기적으로 바이러스와 전투를 치를 때마다 언제나 힘에 부치고, 답답하고, 속상했다. 하지만 비관적인 상황에서는 이겨낼 방법을 고민하고, 낙관적인 상황에서는 이 뒤에 어떤 어려움이 우리를 찾아올까 고민했다. 이번에도 그랬다. 나는 계속해서 고민했다. 이겨낼 방법을 고민했다.

그러나 대구의 상황은 내가 겪어본 그 어떤 것보다 훨씬 더 나빴다. 나중에 한국 방역 당국은 31번 환자가 발생했던 시점에 이미 대구-경북에는 확진 판정을 받지 않은 1,000명이 넘는 증상 있는 환자가 존재했으리라고 파악했다("Coronavirus Disease-19: The First 7,755 Cases in the Republic of Korea" Osong Public Health Res Perspect. 2020 Apr; 11(2): 85-90.).

2월 20일
최악의 상황에서 마련된 'K-방역'

2월 20일부터 대구-경북 지역에서 힘든 일이 계속해서 벌어졌다. 이 시점에서도 바이러스 전파 경로가 오리무중인 청도대남병원에서만 환자 102명이 발생했다. 이 가운데 한국에서 코로나19로 사망한 최초 환자를 포함한 7명의 환자가 손도 제대로 써보지 못하고 속수무책으로 목숨을 잃었다.

대구가톨릭대학교병원에서는 간호사가 확진 판정을 받았다(2월 20일). 알다시피, 대구-경북 지역이 대량 감염 사태를 맞은 데에는 대구 신천지 교회를 중심으로 한 특정 종교 교단의 영향이 컸다. 대구가톨릭대학교병원의 간호사 역시 신천지 교인임이 밝혀졌다. 병원은 발칵 뒤집혔다. 나는 급히 그곳으로 향했다.

병원장과 만나 병원 격리 방법을 자문했고, 그 시점에 환자와 접촉자 등을 분리하는 정리가 끝났음을 확인했다. 오후 열 시가 넘었을 무렵, 이번에는 대구시청으로 와 달라는 이야기를 전해 들었다. 대구시의 예방의학교실 선생님들이 상황실에 파견 나와 있었는데, 함께 앞으로의 일을 논의하자는 요청이었다. 당시 대구는 확진 환자 수가 매일매일 늘어나는 상황이었다. 19일에 20명, 20일에 50명. 나는 이렇게 제안했다.

선별진료소

"이런 식으로 늘다가는 하루에 200명에서 300명, 많으면 1,000명까지도 환자가 늘어날 수 있습니다. 대규모 선별진료소를 만들어야 합니다."

그렇다. 대규모 선별진료소 이야기가 이때 등장했다. 2월 20일, 대구 지역 다섯 개 대학병원 응급실 가운데 네 곳(경북대학교병원, 계명대학교동산병원, 영남대학교병원, 대구가톨릭대학교병원)이 코로나 확진자가 발생해서 폐쇄된 상황이었다. 대구 전체에 정상적인 기능을 갖춘 선별진료소가 보건소를 포함해 일곱 곳밖에 없었다. 더구나 보건소 선별진료소는 소독과 같은 까다로운 문제가 있어서, 하루에 환자를 많으면 20명 정도나 볼 수 있는 수준이었다. 그런데 200명, 300명, 더 나아가 1,000명씩 환자가 발생한다면? 답은 대규모 선별진료소밖에 없었다. 다음과 같은 구체적인 방법도 제안했다.

"선별진료소를 어렵게 생각할 필요가 없어요. 그냥 넓은 운동장에다, 컨테이너나 그것이 어려울 경우 천막을 치면 충분합니다. 한 열 개 정도, 간격을 띄워 세워서 의심 환자가 검사받고 갈 수 있도록 빨리 만들어야 합니다. 그래야 지금 또 앞으로 대구에서 넘쳐날 환자들의 빠른 진단이 가능할 겁니다."

파견 나와 있던 의사들은 이 이야기를 듣자마자, 좋다고 답했다. 그래서 다음 순서로 김건엽 경북대학교 의과대학 교수와 김영애 대구시 국장과 함께 권영진 대구시장을 만나러 갔다. 밤 열한 시 반이었다.

우선 환자를 빨리 진단해야 격리 등 다음 단계로 넘어갈 수 있으니, 진단 체계를 시급히 갖추는 일의 중요성을 이야기했다. 이어서 앞서 소개한 대규모 선별진료소 아이디어도 말했다. 그러나 권영진 시장은 생각이 달랐다. 그런 식으로 선별진료소를 설치하면, 지나가는 시민이 보고 불안해하지 않겠느냐고 반문했다.

30분가량 이야기를 나누어도 설득이 되지 않자, 나는 그 자리를 박차고 일어섰다. "다음 주에 1,000명이 발생하건 500명이 발생하건 알아서 하십시오." 현실을 파악하지 못하는 정치인에게 치미는 화를 못 참고, 돌이켜보면 가시 돋친 말도 건넸다. 현장에서 고생하는 실무진들을 생각하니 슬프고 분했다. 이후 대구시 차원에서는 대규모 선별진료소가 바로 설치되지 않았다. 우리가 제안한 대규모 선별진료소는 드라이브 스루Drive Through 선별진료소라는 새로운 형태로 민간에서 먼저 설치하기 시작하였다.

드라이브 스루 선별진료소

이날은 바로 이 '드라이브 스루 선별진료소' 아이디어가 나온 날이기도 했다. 나는 대구시장을 만나기 전 막간을 이용해서 대한감염학회 신종감염병위원회 정책태스크포스 단톡방에 대구 상황을 전하며 대규모 선별진료소를 효과적으로 운영할 아이디어를 구했다. 그 단톡방에는 김진용 인천의료원 감염내과 과장도 함께했다. 우리는 2018년 생물 테러 대응을 연구한 적이 있다. 생물 테러가 일어나면 대규모 선별진료소를 만들어서, 시민에게 예방적 항생제와 백신을 배포하는 방식을 고민했었다. 김진용 과장이 이렇게 말했다. "그때 드라이브 스루도 있었잖아요!"

2010년 미국 스탠퍼드대학교에서 인플루엔자 유행에 대비해 드라이브 스루로 진단과 백신을 배포하는 모델을 논문으로 발표한 적도 있었다. 이 아이디어를 백신이나 치료제가 없는 고위험 병원체를 진단하는 현실에 적용한 것이다. 김진용 과장은 21일 오전 네 시, 처음 아이디어가 나온 지 네 시간 반 만에 구체적인 방안을 강구했다. 그러고 나서 다시 단톡방에 그 방안을 공유했다. 그러자마자 권기태 칠곡경북대학교병원 감염내과 전문의가 말했다. "우리는 먼저 시작합니다." 2월 23일, 칠곡경북대학교병원에서 세계 최초로 드라이브 스루 선별진료소가 문을 열었다.

생활치료센터

여기에서 끝이 아니다. 코로나19 경증 환자를 격리해서 진료하는 '생활치료센터' 아이디어도 이때 구상했다. 대구-경북에서 환자가 대량 발생한다면, 병원의 격리병실이 부족해질 것이다. 그렇다면 두 가지 문제가 생긴다. 첫째, 의료진의 처치가 필요 없을 정도로 증상이 가볍거나 거의 없는 환자가 격리병실을 쓰는 바람에 정작 적극적인 치료가 필요한 중증 환자가 제때 병원에 입원하지 못하는 일이 발생한다. 둘째, 병원의 격리병실에 입원하지 못해서 집에서 입원을 기다리며 자가 격리할 경우 가족을 비롯한 타인에게 바이러스를 옮길 가능성도 커지고, 증상이 나빠졌을 때 의료진의 응급 처치도 받지 못하게 된다. 코로나19 환자를 병원에만 입원시켜야 한다는 고정관념을 깨야 하는 순간이었다.

그때 우한에서 온 교민을 코로나19 잠복기 14일간 충청북도 진천 국가인재개발원 등에 격리 수용했던 경험이 떠올랐다. 코로나19 경증 환자도 이렇게 전국 곳곳에 있는 일반 시설에 수용하면 환자가 타인을 감염시킬 가능성도 줄어들고, 더 나아가 만에 하나 중증으로 이어질 경우 의료진이 긴급 대응하기도 용이했다. 중증도에 따라 환자를 분류해서 경증 환자는 생활치료센터에 격리 조치하고, 중증 환자는 병원으로 입원시켜 집중치료를 하는 세계 최초의 접근법은 이런 고민 끝에 탄생했다.

그러나 생활치료센터도 여러 번 우여곡절을 겪었다. 처음에는 어떻게 신종 감염병에 걸린 환자를 병원이 아닌 시설에 입원시킬 수 있느냐는 이유를 들며 중수본과 대구시가 난색을 보였다. 법적 근거가 없고, 생활치료센터에서 환자 한 명이라도 사망하면 어떻게 하느냐는 이유로 하루 이틀 시간만 보냈다. 이 상황에서도 코로나19는 계속해서 제 갈 길을 가고 있었다. 입원 대기 중인 확진 환자가 2,000명을 넘어섰고 심지어 집에서 대기하다가 사망하는 환자들도 나오기 시작했다. 서울과 대구에서 감염병 전문가들이 중수본과 대구시에 지속적으로 건의와 읍소를 했고, 그 결과 3월 4일 첫 생활치료센터가 드디어 문을 열었다. 물론 민간 전문가들이 제안한 아이디어를 정부가 바로 받아들이기는 어려웠을 것이다. 그래도 전문가들이 끊임없이 목소리를 내고, 정부도 고민을 시작하면서 'K-방역'은 정신없는 흐름 속에 한 단계씩 자리를 잡아갔다.

대구에서 보냈던 긴박했던 시간, 이후 세계가 주목할 우리의 코로나19 진료 체계가 이렇게 세상에 등장했다.

2월 23일

청도대남병원의 비극

2월 23일, 나는 청도대남병원을 찾았다. 중증의 정신 질환자가 장기 입원해 있는 이곳에서는 102명의 확진 환자가 발생한 터였다. 환자들을 중증도에 따라 분류하고 다른 병원으로 옮기는 일을 자문하고자 방문했다. 그런데 도착해서 병동에 들어가자마자 온몸이 오싹했다. 생각했던 것보다 상황이 훨씬 좋지 않았다.

굉장히 어수선한 분위기 속에서 급하게 현장에 나온 보건복지부 관계자가 책상도 없는 곳에 서서 전화로 여기저기 급하게 연락하고 있었다. 나는 곧바로 다가가 물었다.

"여기, 상황실은 꾸려졌나요? 같이 모여서 이야기할 데가 있나요?"

"그런 곳이 있을 리가 있나요."

무기력한 대답이 돌아왔다. 마음이 답답했다. 병원에 머물던 이사장을 만나서 상황을 전해 듣고, 환자 파악을 할 수 있는 공간부터 만들어달라고 요청했다. 그렇게 3층 간호사 스테이션에 상황실이 꾸려졌다. 동행한 유소연 가천대학교 간호학과 교수와 한수하 순천향대학교 간호학과 교수가 그때부터 일일이 병동을 찾아다니며 도대체 이곳에서 무슨 일이 있었는지 파악하기 시작했다. 상황은 심각했다.

아직 병원에 남아 있는 장기 입원 환자는 원래 이름과 정보가 적힌 팔찌를 차고 있다. 그런데 정신병동인 만큼 온전한 상태로 팔찌를 차고 있는 환자가 한 명도 없었다. 국립정신센터 간호사들은 오랫동안 병원에서 근무했던 직원 한 명을 데리고 들어가서 얼굴과 환자 명부를 대조하면서 일일이 남아 있는 환자를 전수 조사했다.

나는 환자의 중증도를 구분하고자 병원에 요청하여 전산 차트에 접속해, 개인 차트를 하나씩 확인했다. 개인 차트 역시 관리가 되어 있지 않기는 마찬가지였다. 직원도 대부분 확진 환자의 접촉자였기에 대다수가 자가 격리에 들어간 상태였다. 지방자치단체(경상북도)에서 관리를 해야 하는 상황인데, 그들은 그럴 의지가 없어 보였다.

결국 청도대남병원에서 파견된 정상원 응급의학과 전문의, 곽경민 내과 공중보건의와 함께 환자 중증도 분류를 간신히 해냈다. 감염 위험이 여전한 상황에서 환자를 위해 헌신적으로 나선 둘에게는 지금도 고마움이 있다. 이런 조치를 하고 나서야 환자 이송에 속도가 붙었다. 증상에 따라 중증 환자는 국립중앙의료원과 서울 소재 대학병원 등으로 옮겨졌고, 경증 환자는 국립정신센터에 응급으로 조성된 격리 병상으로 전원되었다.

조금만 늦었더라면 사망자가 더 생겼을 가능성이 크다. 그러나 나는 23일이 아니라 21일 혹은 22일에 내려갔더라면, 7명의 사망자 가운데 몇 명이라도 더 살릴 수 있지 않았을까 하는 안타까운 마음이 들었다. 그 시점에서 청도대남병원 사망자를 시작으로 대구-경북 지역의 확진 환자와 사망자가 계속해서 늘어나기 시작했다.

한편 청도대남병원에서 고군분투하고 있던 이날, 정부는 감염병 대응 단계를 '경계'에서 '심각'으로 격상했다. 당시 이 조치를 놓고서 다소 성급한 결정은 아니었는지 따져 묻는 분위기가 있었다. 하지만 20일 대구를 직접 다녀와서 현장의 상황을 경험했던 나는 일요일(2월 23일)에 대통령이 직접 선언한 이 조치를 반겼다.

두 가지 이유 때문이었다. 20일 밤에 야외 선별진료소 설치를 놓고 대구시장이 신속한 판단을 하지 못한 데서 확인할 수 있듯이 대구나 경북의 광역지방자치단체는 신종 감염병 대유행에 대응할 수 있는 경험과 역량이 부족했다. 서울과 경기도가 2015년 메르스 유행을 겪으면서 감염병 대응 역량을 축적한 반면, 다른 광역지방자치단체는 그렇지 못한 탓이 컸다.

다른 하나는 대구-경북의 상황이 생각보다 훨씬 심각했다. 대구-경북만의 의료 자원으로는 막아내기 어려워 보였다. 감염병 대응 단계를 '심각'으로 격상하고 나서, 전국의 의료 자원을 총동원해야 하는 상황이었다. 감염병 대응은 항상 '심각'하고 '과감'해야 한다. 그래야 바이러스가 허락한 짧은 반격의 시간을 포착해서 행동할 수 있다. 이때는 정부가 옳았다.

3월 2일

행동 백신: 사회적 거리 두기

혼란과 불안이 가중하던 2월 말, 우리는 새로운 단어와 접한다. 이 낯선 단어는 금세 우리의 삶을 파고들었다. '코로나 시대'를 관통하는 가장 중요한 가치이자 일상생활을 지배하는 행동 양식이 되었다. 바로 '사회적 거리 두기social distancing'다. WHO는 나중에 '물리적 거리 두기physical distancing'를 쓰기도 했지만, 사회적 거리 두기가 적절해 보인다.

사실 감염병 전문가 사이에서는 익숙한 개념이다. 백신, 치료제가 없는 상황에서 감염병의 전파를 최대한 차단하는 일이 숙주(사람)와 숙주(사람) 사이의 거리를 떨어뜨리는 일이기 때문이다. 그렇지만 사스, 메르스, 신종 인플루엔자 등의 바이러스와 마주하면서도 한국 사회는 물론이고 WHO도 이를 강력하게 권고하거나 시행했던 적이 없었다.

하지만 이번에는 상황이 달랐다. 강한 전파력과 65세 이상 고령 인구의 높은 살상력을 가진 코로나19를 막기 위해서는 강력한 조치가 필요했다. 감염병 전문가들은 여러 차례의 토론 끝에 이 바이러스 확산을 저지하려면 강력한 사회적 거리 두기를 실천에 옮겨야 한다는 결론에 이르렀고, 이를 방역 당국에 적극적으로 권고했다.

우선 방역 당국이 나서기 전부터 대구-경북을 시작으로 시민이 자발적으로 사회적 거리 두기에 동참했다. 2월 21일 100명, 22일 229명, 27일 334명, 28일 427명, 29일 909명으로 확진자 수가 급속히 늘어나던 상황이었다. 3월 3일 미국 ABC방송의 이언 패널 기자는 이렇게 보도했다.

> "이곳에는 공황도 폭동도 혐오도 없다. 절제와 고요함만 있다. 다만 학교가 폐쇄됐고, 대부분의 상점이 문을 닫았을 뿐이다."

서울시는 3월 2일, 2주간 '사회적 거리 두기'를 할 것을 공식적으로 제안했다. 고 박원순 시장은 "서로에게 백신이 되자"는 말과 함께, 자신과 상대를 차분히 지켜내는 '잠시 멈춤' 캠페인을 제안하는 브리핑을 열었다. 최재천 이화여자대학교 교수는 이를 놓고 강양구 기자에게 바이러스를 이겨내는 '행동 백신'이라고 언급했다.

시민이 먼저 움직이고, 서울시에서 캠페인으로 확산시킨 사회적 거리 두기를 행정 명령 등으로 강화해서 3월 22일부터 5월 5일까지 공식적인 '사회적 거리 두기'를 시작했다. 이 기간 가정과 회사는 물론이고, 곳곳에서 코로나 시대의 새로운 표준으로 자리 잡으며 사회적 거리 두기는 바이러스의 전국적인 확산을 막는 데 톡톡히 기여했다.

개학 연기

사회적 거리 두기를 둘러싼 고민이 계속되는 상황에서 유은혜 부총리 겸 교육부 장관이 감염병 전문가들에게 2월 22일 '개학 연기'의 가능성을 물어왔다. 대학 입시가 한국 사회에서 차지하는 중요성을 염두에 둔다면 개학 연기, 또 이에 따른 대학수학능력시험 연기는 아주 중요한 문제였다.

토요일(2월 22일), 나는 유은혜 부총리가 주재하는 간담회에 참석해 개학 연기가 방역에서 차지하는 중요성을 강조했다. 개학 연기는 사회적 거리 두기의 상징일 뿐만 아니라, 개학과 더불어 인플루엔자 바이러스까지 같이 유행할 경우를 염두에 둔다면 바이러스의 지역사회 확산을 저지할 수단이기도 했다.

또한 나는 대구 신천지 교회의 집단감염을 언급하면서, 교회·성당·사찰 등의 종교 집회를 자제할 필요성도 강조했다. 이런 구체적인 사회적 거리 두기의 실천 없이는 대구-경북이 우한, 대한민국이 후베이성이 될 수 있다는 공포감이 있었기에 목소리를 높일 수밖에 없었다.

다행스럽게도 이날 간담회 때 논의된 여러 조치는 유은혜 부총리를 통해 곧바로 정세균 총리에게 전달되었다. 방역 당국의 책임자인 정 총리는 22일 곧바로 담화문을 발표하며 일요일(23일) 종교 집회 자제를 요청했고, 유은혜 부총리는 23일 일주일간의 개학 연기를 발표했다. 역시 이때는 정세균 총리-유은혜 부총리의 선제적 대응이 옳았다.

3월 초
서서히 잡히는 불길

2월 20일 대구에서 고민이 시작되었던 생활치료센터는 3월 4일이 되어서야 세상에 모습을 드러냈다. 드라이브 스루 선별진료소가 칠곡경북대학교병원에서 2월 23일 처음 시행되고 나서 한국은 물론이고 전 세계로 퍼지고 있던 상황을 염두에 둔다면 참으로 더딘 조치였다. 대구시 등이 여전히 굼뜨게 움직인 탓이었다.

결국 방역 당국은 3월 1일 환자의 중증도를 종합적으로 평가해서 '경증', '중등도', '중증', '최중증' 네 단계로 분류하고서, 중등도 이상의 환자는 음압격리병실이나 감염병 전담병원에서 입원 치료하고, 경증 환자는 국가 운영 시설 또는 숙박 시설을 활용한 지역별 생활치료센터에서 관리하는 안을 발표했다.

하지만 대구시는 환자를 병원이 아닌 다른 곳에서 수용한다는 내용을 골자로 한, 이렇듯 전 세계에서 처음 해보는 시도를 자신 있게 추진하지 못했다. 환자가 쏟아지던 일주일을 허비하고서야 3월 4일 생활치료센터가 문을 연 진짜 이유다. 비상 상황에서 리더의 역량이 얼마나 중요한지 실감하는 순간이었다.

그 사이에 병실이 부족해서 집에서 격리 중이던 중증 환자 여럿이 사망했다. 29일 하루 신규 확진 환자가 정점(909명)을 찍고 나서 3월 9일까지 300~500명의 환자가 매일매일 쏟아졌다. "대구-경북의 바이러스를 막는 일이 대한민국을 살리는 일이다." 2월 말부터 3월 초까지의 그 긴박한 상황 동안 계속해서 나와 동료를 독려하면서 했던 말이다.

사실 한국의 보건의료체계를 살폈을 때, 수도권 외에 그나마 상황이 나은 곳이 영남권이었다. 그런데 이곳이 무너진다면? 다른 지역은 어떻게 될지 상상조차 할 수 없었다. 날마다 기도하는 심정으로 대구-경북의 확진자 수를 지켜봤다. 더디게 생활치료센터가 마련되는 동안 수백 명 수준에서 오르락내리락하던 하루 확진 환자 숫자가 3월 10일 131명으로 떨어졌다.

그제서야 안심할 수 있었다. 방역 당국도 열심히 애를 썼고, 무엇보다도 국민이 함께 이겨낸 덕분이었다. 특히 대구-경북 시민의 희생이 컸다. 대구-경북에서 집단감염으로 대량 환자가 발생하지 않았더라면 한국의 방역 시스템이 이렇게 이른 시간에 체계적으로 잡히지는 못했으리라. 대한민국은 대구-경북 시민에게 빚을 졌다.

약한 고리

대구-경북에서 확진 환자가 적어지면서 한숨을 돌린 시점에서, 이번에는 비교적 잠잠하던 서울에서 큰일이 났다. 구로구 콜센터에서 직원, 가족 등을 포함해 100명이 훌쩍 넘는 집단감염이 발생한 것이다. 3월 11일, 나는 방송국에서 만난 강양구 기자와 이런 대화를 나누었다.

"바이러스가 너무 영리해요."
"우리 사회의 약한 고리가 어디인지 정확히 알고 공격하죠?"

실제로 그랬다. 청도대남병원과 같은 정신 질환자 폐쇄 병동, 대구에서 희생자 여럿을 낸 노인 요양병원이나 노인 요양원 등의 노인 요양시설, 장애인 보호시설 그리고 이번 콜센터까지. 코로나바이러스는 한국 사회에서 사람들 대다수가 눈길을 주지 않고 외면하는 곳을 정확하게 찾아내서 공격했다.

콜센터 집단감염은 뼈아픈 사건이었다. 앞으로 콜센터 외에도 이런 약한 고리가 또 공격당할 수 있었기 때문이다. 아니나 다를까, 5월에 택배 물류센터가 공격을 받고 나서 그곳의 열악한 노동 환경이 드러났다. 한국의 청소년 놀이 문화를 상징하는 PC방, 코인 노래방은 또 어떤가.

영국의 감염병 전문가이자 수학자인 아담 쿠차르스키Adam

Kucharski가 전 세계 코로나19 발병 국가의 확진자와 사망자 수치 정보를 기반으로, 각 나라가 얼마나 많은 확진자를 찾아냈는지 추정한 자료가 있다. 그에 따르면 우리나라가 가장 높은 수치를 보였으며 감염자의 88퍼센트를 실제로 발견했을 것으로 추정했다.

나는 이 논문을 보고서 '한국이 잘했다'는 생각보다 나머지 12퍼센트의 감염자를 떠올렸다. 한계가 명백한 시뮬레이션이었지만, 그런데도 그 12퍼센트 정도의 감염자가 진단되지 않은 채 지역사회 안에 녹아들어 있다면? 그들도 분명히 다른 사람에게 확산을 시키게 될 텐데, 그때 한국 사회의 약한 고리는 어디일까?

잠 못 이루게 한 그때의 고민은 기우가 아니었다. 4월 30일부터 5월 5일까지 6일간의 황금연휴 이후에 서울 이태원 클럽을 중심으로 지역사회의 숨은 감염자 여럿이 퍼뜨린 것으로 추정되는 집단감염이 수도권에 새로운 유행의 가능성을 경고했다. 그러고 나서 부천 택배 물류센터, 규모가 작은 개척 교회, 노인을 상대로 한 방문 판매 등을 통한 집단감염이 나왔다.

이 수도권 유행의 끝은 어딜까? 불안하고 또 불안하다.•

• 생활 방역 이후의 이야기는 다음 장에 이어지는 대담 속에 등장한다(108~109쪽, 181~185쪽, 202~204쪽, 217쪽, 235~236쪽).

2부

바이러스와 시스템

1장
바이러스

바이러스와의 접촉, 이렇게 시작된다

강양구 바이러스 유행의 환경적인 맥락부터 살펴볼까 합니다. "이번이 끝이 아닐 것이다"라는 이야기를 교수님과 저를 포함해서, 꽤 많은 분이 하셨습니다. 사실 21세기 들어서 우리가 겪은 바이러스만 해도 한둘이 아닌데요. 2003년에 사스가 유행했고, 2012년 중동에서 등장한 메르스는 2015년에 우리나라를 덮쳤지요. 또 중간에는 전혀 다른 계열의 바이러스지만, 많은 분이 걱정했던 인플루엔자 변종 바이러스가 등장했습니다. 그래서 2009년 신종플루 바이러스가 전 세계적으로 유행하면서 금세기 최초의 판데믹 선언이 있었고요. 2019년 끄트머리에 코로나19가 등장해서 지금 온 세상이 난리 통입니다. 비관적으로 바라보는 분들은 우리가 이번 바이러스 유행을 가까스로 극복하더라도 3년에서 5년 주기로 크고 작은 신종 바이러스가 등장할 테고, 그 가운데 하나는 또 이번과 같은 여파를 낳을 수도 있다고 예고하곤 합니다. 교수님 생각은 어떤가요?

이재갑 최근 들어 주기가 좀 빨라진 듯해요. 게다가 한번 들어오면 특정 국가에서만 발생하고 넘어가는 국소적인 특징을 갖는 게 아니라, 이제는 전 세계적인 문제를 일으킬 수 있다는 점에 주목해야 합니다. 기후학자와 환경학자 여러분의 이야기에 동감합니다. 지구 온난화가 초래하는 기후변화 탓에 동물의 생태계가 바뀌었고, 바로 이 부분이 사람에게 영향을 주는 사례가 많습니다. 대표적인 질환 가운데 하나가 뎅기열인데요. 2000년대 초반까지는 전 세계적으로 줄어들고 있었습니다. 그런데 2010년도 넘어서 다시 환자가 늘어나는 패턴을 보였죠. 기후변화로 모기들의 서식지가 넓어진 탓입니다.

강양구 모기가 옮기는 대표적인 감염병이 말라리아와 방금 언급하신 뎅기열이잖아요? 바이러스를 옮기는 모기의 서식지가 늘어나면 감염병 유행지도 넓어질 수밖에 없지요.

이재갑 한 가지 재미있는 점은 말라리아 환자는 줄어드는 추세가 보인다는 거예요. 저는 처음에 이 현상을 보고, WHO가 말라리아에 대한 강력한 방역 정책을 펼친 결과인 줄 알았거든요. 그런데 뎅기열은 올라가는 게 이상하잖아요. 고민해보았더니, 이런 이유가 있더라고요. 말라리아를 옮기는 모기는 주로 농촌 지역의 숲이 많은 곳에 서식합니다. 그런데 전 세계적으로 도시화가 진행하면서, 이 모기가 도시에 잘 적응하지 못합니다. 그 결과 도시에서 이 모기 숫자가 줄어들면서, 말라리아 환자도 줄어드는 추세가 나타난 거예요.

그런데 뎅기열은 숲모기가 옮깁니다. 숲모기는 왠지 산속에서만 서식할 것 같지만, 의외로 적응 능력이 좋아서 도시에서도 잘 살아남아요. 도시 내에서 뎅기열 전파가 가능한 상태가 된 것이죠. 그러니 도시화가 진행됨에 따라 말라리아 환자 숫자가 줄어드는 반면에, 뎅기열 환자는 늘어나는 양상을 보이게 된 것입니다. 거기에다 방금 언급했듯이 기후변화도 덮치면서 뎅기열 바이러스를 가진 모기의 서식지가 계속해서 넓어지는 상황입니다. 아열대 기후가 확장하고 있으니, 전 세계적인 확산도 더 빨라지는 것이고요. 모기뿐만이 아닙니다. 쯔쯔가무시라든가 중증열성혈소판감소증후군SFTS 같은 진드기를 매개로 하는 질환도 기후변화와 연관되었다는 이야기가 있고요.

강양구 이번에 유행하는 코로나바이러스 같은 인수공통 감염병도 넓은 맥락에서 보면 인간 활동이 생태계에 미치는 부정적 영향과 떼려야 뗄 수가 없습니다. 사실 지금 코로나바이러스 등이 오랫동안 숙주로 삼아왔던 동물의 사정은 최악입니다.

열대우림 파괴에서 확인할 수 있듯이 생태계 붕괴로 서식지가 계속해서 줄면서 동물의 개체 수도 눈에 띄게 줄고 있어요.

예를 들어 전체 포유동물 가운데 소, 돼지 같은 가축과 인간을 제외한 야생동물의 비중은 4퍼센트뿐입니다. 닭, 오리는 전체 조류의 70퍼센트를 차지하죠. 엎친 데 덮친 격으로 방금 교수님께서 언급하신 기후변화는 이런 상황을 더욱더 가속화합니다. 오랫동안 추운 지구에 적응하며 진화해온 동물로서는 산업화 이전 19세기 중반의 평균 기온인 약 14도와 비교했을 때 1도(현재), 2도, 3도씩 상승하는 더워진 지구 기후를 견뎌내기 어렵죠. 지금 이 순간에도 수많은 동물이 소리소문없이 사라지고 있습니다.

오랫동안 동물에 의탁해온 바이러스도 이런 변화에 적응해야 합니다. 숙주 없이 생존할 수 없는 바이러스에게 동물계의 대부분을 차지하는 인간 또 그에 딸린 소, 돼지, 닭 등은 아주 매력적인 대상이죠. 개체 수가 많고, 또 한곳에 모여 살기 때문에 일단 자리만 잡으면 이보다 더 좋을 수 없습니다. 최근의 코로나바이러스도 바로 이런 적응의 결과로 봐야겠죠.

이재갑 맞습니다. 코로나바이러스는 애초 박쥐에서 사람으로 넘어가는 과정을 살펴야 합니다. 역시 박쥐에서 서식하다 인간으로 넘어온, 아프리카에서 유행한 에볼라 바이러스도 마찬가지입니다. 사실 사람과 박쥐의 접촉면은 아주 제한적이었어요. 그러다 사람들이 땔감을 구하려고 나무를 캐면서 산 안쪽으로 점점 더 들어가서 자연스럽게 산속에 마을이 형성되었죠. 땔감을 계속해서 구해야 하니까요. 이런 식으로 사람과 박쥐가 접촉하는 일이 많아진 겁니다.

강양구 이 대목에서 21세기 들어서 인간과 동물의 거리가 급격하게 가까워진 또 다른 이유도 짚어야 할 듯해요. 2003년 사스 유행이 시작한 중국의 광둥성은 특이한 야생동물 요리로 유명합니다. 하지만 칼 타로 그린펠드Karl Taro Greenfeld 같은 저널리스트의 날카로운 관찰에 따르면, 이런 특이한 야생동물 요리는 지역의 오랜 전통이라기보다는 중국의 시장 경제가 팽창하고 돈이 돌면서 나타난 '과시적 소비 성향'의 결과입니다. 아프리카에서도 침팬지나 고릴라 같은 쉽게 구하기 어려운 비싼 식재료로 만든 요리를 맛보려는 여유 있는 사람이 늘어나고 있다고 하니 중국만의 일이라고 보기도 어렵죠.

이렇게 평소 접하던 요리와 다른 것을 먹어보려는 돈 있는 사람들의 수요는 야생동물을 사냥하고, 사육하고, 유통하는 새로운 산업을 팽창시켰습니다. 과거에는 열대우림의 동굴이나 늪지대에서 서식하던 야생동물이 도시 외곽에서 사육되고, 수많은 사람이 오가는 시장에서 우리에 갇힌 채 몸부림치는 신세가 된 것이죠. 물론 그런 신세로 전락한 야생동물 안에는 신세계(새로운 숙주)를 눈앞에 둔 수많은 바이러스가 똬리를 틀고, 계속해서 변이를 일으키고 있습니다. 현재까지 파악한 바로는 코로나바이러스도 마찬가지입니다. 돈을 주고 '야생의 맛'을 추구

하려는 인간의 욕망이 중국이나 아프리카의 도심 한복판에 자리한 왁자지껄한 시장에서 바이러스에 날개를 달아준 것이죠.

이재갑 바이러스에 진짜(!) 날개를 달아준 사정도 있습니다. 21세기 들어서 신종 감염병이 발생하는 이유를 따져 묻는 분들이 많아요. 그런데 이전에도 인수공통 감염병을 유발하는 바이러스가 동물에서 사람으로 넘어왔던 적은 있었습니다. 1918년에 유행한 스페인독감도 조류독감 바이러스가 돼지를 거쳐서 사람으로 넘어온 것으로 추정되고 있으니까요. 사실 스페인독감 외에도 이런 사례는 여러 차례 있었을 거예요. 하지만 20세기 후반까지만 하더라도 지금처럼 전 세계의 인적·물적 교류가 많지 않았습니다. 그러니 설사 바이러스가 동물에서 사람으로 넘어왔다고 하더라도 인간 사회에 자리를 잡을 기회를 잡지 못하고 사라지거나, 혹은 자리를 잡더라도 아주 제한된 지역의 풍토병으로 남는 수준이었습니다.

강양구 맞습니다. 그러다 20세기 후반부터 지구화가 시작하면서 상황이 바뀌었죠. 배, 기차, 비행기 등으로 세계가 갈수록 압축되면서 바이러스는 새로운 기회를 맞았습니다. 운만 좋다면 2003년의 사스 코로나바이러스처럼 비행기를 수없이 환승하면서 지구를 불과 6주 만에 한 바퀴 돌 수 있게 되었죠. 정말 바이러스가 날개를 단 격이에요.

일단 자신을 비행기에 태워줄 수 있는 적절한 숙주와 연결만 된다면, 그 변종 바이러스는 순식간에 대유행의 원인이 될 수 있습니다. 2003년 사스 코로나바이러스가 그랬고, 2015년 중동을 벗어난 메르스 코로나바이러스가 비행기를 타고 한국으로 이동해서 유행한 것도 비슷한 사정 때문이고요.

이재갑 앞으로도 어디서든 신종 바이러스 때문에 새로운 감염병이 발병하면 확산이 빠를 거예요. 다만 21세기 신종 감염병의 주인공이 코로나바이러스인 것은 반전입니다. 왜냐하면 대다수 전문가가 그 주인공은 인플루엔자 바이러스일 것이라고 예상했거든요. 2009년에 신종 인플루엔자 A가 유행했을 때, 전 세계 전문가가 긴장했던 것도 이 때문이었고요.

강양구 걱정할 만했어요. 원래 인플루엔자 바이러스 가운데, 'H5-' 계열은 사람에게는 전파가 안 된다고 알려져 있었잖아요. 그런데 1997년 홍콩에서 처음으로 조류뿐만 아니라 사람도 감염시키는 H5N1 바이러스가 나타났죠. 다행히 인간 대 인간 사이에 전파되는 능력은 획득하지 못한 탓에, 치명률은 약 60퍼센트 수준으로 높지만 대규모 유행으로는 이어지지 않고 있어요.

이재갑 지금은 아프리카에서 주로 발생하고 있습니다. 그 아류로 H5A6나 H5N8도 있죠. 'H5-' 계열이 유행했을 때 가장 큰 문제는 치명률이 30~60퍼센트에 이른다는 겁니다. 만약 사람과 사람 사이에 전파 가능한 형태로 돌연변이를 일으키면 최소 10퍼센트 전후의 치명률을 가진 바이러스가 등장할 테니 다들 긴장했지요.

다행스럽게도 2009년 신종 인플루엔자 A가 유행했을 때는 H1N1이었고, 실제로 병독성도 'H5-' 계열에 비하면 약해서 가슴을 쓸어내렸었죠.

강양구 하지만 그때도 우려는 있었습니다. 2009년 신종 인플루엔자 A는 다행히 병독성은 약하지만, 전파력은 굉장했어요. 전파력이 신종 인플루엔자 A만큼 강하면서도 치명률이 'H5-' 계열이나 1918년 스페인독감처럼 강한 게 나타나면 인류에 정말로 큰 타격을 줄 수 있으니까요. 그런 바이러스가 등장하는 일은 시간문제라고 생각하는 비관적인 전문가도 있고요.

이재갑 사실 인플루엔자 바이러스는 지금도 문제입니다. 중국에서 H7N9 인플루엔자 바이러스가 겨울철마다 문제가 되고 있어요. 2013년부터 계속 유행하면서, 1,500명 정도의 사망자가 발생했습니다. 'H7-' 계열의 골치 아픈 특징이 있어요. H5N1 같은 'H5-' 계열은 조류, 특히 오리나 닭이 걸리면 폐사가 되니까 금방 유행 사실을 압니다. H7N9는 오리나 닭에게는 별로 영향력이 없어요. 그런데 사람이 걸리면 치명률이 20~30퍼센트나 됩니다. 오리나 닭은 걸려도 별 증상이 없으니 바이러스 유행 사실을 모른 채 시장에서 사람에게 전파가 되면서 환자가 대량으로 발생해요. 상당히 위협적인 상황이었기에, 우리나라에서도 백신 개발 사업이 진행되었어요. 이렇게 'H7-' 계열의 인플루엔자 바이러스의 유행을 놓고서 걱정을 많이 했죠. 그런데 갑자기 잠잠해졌습니다. 작년(2019년)과 재작년(2018년)에 환자 수가 줄어서 H7N9도 유행이 끝났구나, 생각하면서 안도했죠. 그 이후에는 'H9-' 계열의 신종 인플루엔자 바이러스가 발생해서 주목을 받았고요.

그런데 전혀 예상하지 못한 코로나바이러스가 우리를 공격한 겁니다. 이번에 코로나바이러스가 유행하면서 저를 포함한 감염내과 의사는 이제 신종 바이러스, 신종 감염병 예측은 불가능하겠다고 입을 모으고 있어요. 자연은 사람의 예상대로 돌아가지 않더군요. 인간이 얼마나 자연에 겸손해야 하는지를 배울 수 있는 대목이죠.

모든 바이러스는 언제건 터질 수 있다

강양구 사실 이번 코로나바이러스는 명명부터 불길합니다. '코로나19'의 유행이 끝나더라도 언제건 '코로나20'이라든가, '코로나30'이 나오지 말라는 법이 없으니까요. 상상도 하기 싫은 일이지만, 코로나바이러스가 유행한다고 해서 신종 인플루엔자 바이러스가 나타나지 말라는 법도 없고요.

특히 인플루엔자 바이러스는 닭, 오리 농장과 같은 가금류 산업이나 돼지 농장과 같은 축산업과도 긴밀한 연관이 있잖아요. 처음에는 야생 조류의 몸속에서 오랫동안 공생해왔던 바이러스가 닭, 오리 농장으로 파고들죠. 여기에는 야생 조류 서식지가 사라지면서 야생 조류와 닭, 오리 농장 사이의 거리가 가까워지는 게 분명히 영향을 주었겠죠. 그렇게 닭, 오리 농장으로 파고든 조류 인플루엔자 바이러스는 닭, 오리를 희생양으로 삼거나 아니면 'H7-' 계열처럼 아예 닭, 오리에 자리를 잡습니다. 그러다가 돼지 같은 또 다른 중간 숙주의 몸속에서 돌연변이를 일으켜서 인간에게 전파가 되는 능력을 획득하죠. 닭, 오리 농장과 돼지 농장이 성행하는 중국이 신종 인플루엔자 바이러스의 온상인 것도 이 때문이고요.

이재갑 맞습니다. 분명히 인플루엔자 바이러스도 돌겠죠. 사실 전문가들이 제일 걱정하는 상황입니다. 미국처럼 동원할 수 있는 인적 · 물적 자원이 풍부하지 않은 우리나라는 코로나바이러스 유행에 대비하는 것만으로도 버겁거든요. 그런데 거기에다 신종 인플루엔자 바이러스 유행까지 대비하면 큰일이죠.

한 가지 사례도 있습니다. 2009년에 신종플루가 유행하고 나서, '신종 인플루엔자 사업단'이 꾸려졌어요. 제 스승 중 한 분인 김우주 교수께서 단장을 맡은 사업단이었죠. 당시에 5년간 800억 원이라는 파격적인 지원금을 받았습니다. 그때 인플루엔자 백신 개발과 관련해서 거둔 성과도 있었어요. 이 사업단의 지원을 통해 SK바이오사이언스가 세계 최초로 4가 세포 배양 백신을 만들었으니까요.

그 성과까지 염두에 두고서 5년간 운영한 신종 인플루엔자 사업단은 3년 연장 이야기가 오가고 있었습니다. 그런데 그 시점에 뜬금없이 메르스 코로나바이러스가 한국을 공격한 거예요. 후속 사업에 100억 원 정도의 예산이 필요했는데 아예 사업 자체가 송두리째 없어졌어요. 그리고 그 예산은 고스란히 메르스 코로나바이러스 대응 사업으로 옮겨갔고요.

5년간 백신과 치료제를 개발하는 데에 800억 원을 썼던 인플루엔자 바이러스 연구는 전부 '스톱 상태'가 되었습니다. 지난번에 문재인 대통령과 전문가 여럿이 파스퇴르연구소에서 모인 적이 있습니다. 그때 제가 한마디 던졌어요. 신종 인플루엔자 터지면 인플루엔자 바이러스에, 신종 코로나가 터지면 코로나바이러스에 지원이 집중되는 식이어서는 곤란하다고요.

사실 모든 바이러스는 언제든 문제가 될 수 있어요. 이번에는 코로나바이러스가 유행하지만, 다음에는 인플루엔자 바이러스가 유행할 수도 있습니다. 그러니까 코로나바이러스 연구도 필요하고, 인플루엔자 바이러스 연구도 필요합니다. 그때그때 유행을 따르는 게 아니라 지속적으로 균형 있게 지원해서 연구의 토대를 만드는 게 중요하죠. 가장 아쉬운 대목입니다.

강양구 동감합니다. 사실 확률만 놓고 보면, 코로나바이러스보다 신종 인플루엔자 바이러스가 등장할 가능성이 큽니다. 아니나 다를까, 코로나바이러스가 유행하는 상황에서 이번에는 돼지에서 유래한 신종 인플루엔자 바이러스가 중국에 등장했다는 보고가 나와서 놀라기도 했잖아요. 코로나바이러스만큼이나 신종 인플루엔자 바이러스 등장에도 대비해야죠.

이재갑 그래서 대통령께도 기본적인 연구를 유지하면서, 상황에 따라서 급한 곳에는 좀 더 비중을 두는 방식이 필요하다고 건의했던 거예요. 이래야 연구자도 어느 한 분야에 집중해서 실력을 쌓을 수가 있고요. 지원이 유행을 따르다 보니, 일이 터져서 긴급 회의에 가보면 인플루엔자 유행 때 봤던 분이 코로나 유행 때도 와 있어요. 반대도 마찬가지고요.

강양구 맞습니다. 기초 연구가 뒷받침을 해주어야 하는데, 매번 유행할 때마다 이러면 자꾸 헛발질하는 상황이 될 수밖에 없죠.

이재갑 그렇죠. 기왕 이야기가 나온 김에 이런 것도 지적하고 싶습니다. 정부 예산을 집행하는 입장에서는 지금처럼 신종 코로나바이러스가 발생했을 때, 분명히 메르스 코로나바이러스 유행 당시 연구비를 뿌렸는데 왜 성과물이 없느냐고 현장의 연구자를 타박할지도 모르겠어요. 그런데 그럴 수밖에 없는 구조가 있습니다.

사실 정부 연구비를 집행하고 나면, 주된 평가 대상이 논문입니다. 그러다 보니, 논문 숫자만 늘어나고 실제 성과는 아무것도 없는 경우가 많습니다. 신종 바이러스에 대응하려면 논문이 중요한 게 아니라 임상 현장에서 활용할 수 있는 백신이나 치료제로 연결이 되어야 합니다. 하지만 평가를 의식해야 하는 연구자가 보기에는 그게 우선순위가 아닌 거예요.

보건의료 연구개발R&D마저도 보건복지부가 아니라 과학기술부(과기부)가 주도하는 것도 문제입니다. 보건의료 분야에만 국한해서 언급하면, 과기부가 주도한 연구가 실제 임상 현장의 성과로 이어진 경우를 별로 본 적이 없습니다. 앞으로 코로나바이러스 연구개발에 정부 자금이 많이 투입되겠지만, 기대가 적은 것도 이 때문입니다.

강양구 말씀을 듣고 보니, 이것도 생각납니다. 진단검사와 관련해서 우리나라와 미국의 차이점이 있어요. 미국은 바이러스 양성 여부를 검사할 때 병원이나 대학에 있는 실험실 운영자가 의사가 아닌 과학자입니다. 기초 연구를 하는 과학자가 바이러스 유전자 검사를 담당하죠. 그런데 우리나라는 진단검사의학과가 따로 있고, 진단검사 전문의도 있습니다. 유전자 검사를 하는 임상 의사가 따로 있는 것이지요. 이런 점이 이번에 신종 코로나바이러스에 대응할 때 상당한 강점으로 발휘했습니다. 기초 연구를 하는 과학자와 임상 현장의 의사가 바이러스 진단을 보는 관점에는 분명히 차이가 있거든요.

실제로 기초 연구를 하는 과학자와 임상 의사를 만나보면 분명히 달라요. 비유하자면, 기초 연구를 하는 과학자는 바이러스나 세균과 대화하는 시간이 많아요. 하지만 임상 의사가 관심을 가지는 일차적인 대상은 바이러스나 세균이 아니라 환자인 경우가 많습니다. 이런 시각차가 감염병 유행 대응에도 분명히 영향을 준다고 생각합니다.

이재갑 맞습니다. 예산이 충분하다면, 양쪽 모두에 지원해서 성과물을 얻는 게 가장 좋죠. 그런데 우리나라는 그런 여건이 안 되잖아요. 그래서 대통령께도 말씀드렸던 것 가운데 하나가 경험의 중요성이었습니다. 가령 백신이라면, 만들어본 경험 없이 연구만 한 분이라면 짧은 시간 내에 성과를 내기가 힘들 거라는 이야기죠. 사람에게 쓸 수 있는지 여부가 중요하니까요.

여기에서 한발 나아가 중요한 것이, 기초와 임상을 연결하는 다리 역할입니다. 우리나라에서 실제로 이런 다리 역할을 하는 연구자가 많지 않아요. 미국은 의사M.D와 박사 학위Ph. D 과정을 동시에 수행해서 기초와 임상을 모두 경험한 연구자가 많습니다. 실제로 이 경력을 지닌 분들이 연구를 주도하고요.

강양구 우리나라에는 그런 분들이 많지 않죠?

이재갑 애초에 과정이 없습니다. 사실 의과대학 교수는 모두 의사이면서 박사입니다. 하지만 논문을 써서 박사 학위를 받기는 했지만, 아예 연구와 임상을 같이 훈련받으며 성장하지는 못했어요. 국내에서 그나마 융합적으로 운영하는 과정은 카이스트의 의과학대학원 정도가 있겠습니다. 앞으로 이 부분을 정말 신경 써야 해요.

바이러스 연구소 혹은 백신 연구소가 생기면 이곳이 그런 역할을 해야 합니다. 기초와 임상을 아우르고, 그래서 기초 연구가 임상까지 연결되는 시스템이 마련되어야 해요. 그러려면 아무래도 실용화 쪽에 방점이 찍힐 테니까요. 그 연장선에서 소속도 질병관리본부 밑이 되면 좋겠어요.

그런데 거꾸로 생각하면, 질본이 지금은 그런 연구소를 관리하고 운영할 능력이 없습니다. 과기부는 정부 연구소를 운영해본 경험이 있지만 질본은 그런 적이 없죠. 그래서 단순하게 질본 산하에 연구소를 두는 것뿐만 아니라, 관리하고 운영하는 능력까지 갖추도록 지원해야 합니다.

강양구 과학과 행정이 만나는 접점에 질본으로 대표되는 '방역 행정'이 있습니다. 바이러스가 유행할 때마다 방역 행정의 뒷받침이 얼마나 중요한지 절감했죠. 특히 코로나19가 유행하면서 보통 시민조차도 방역 행정의 중요성을 깨닫게 되었습니다. 다음 장에서는 질본을 중심으로 한 방역 행정의 이모저모를 살펴보도록 하겠습니다.

Q&A

1 코로나19 바이러스란 무엇인가

코로나바이러스Corona Virus는 그동안 박쥐 같은 동물과 오랫동안 공생하던 바이러스다. 20세기 후반부터 감기 바이러스에 네 종류(229E, OC43, NL63, HKU1)의 코로나바이러스가 포함된 사실이 확인되었다. 현재 감기 바이러스의 10~30퍼센트가 코로나바이러스인 것으로 추정된다.

21세기 들어서 2003년 사스SARS-CoV, 2012년 메르스MERS-CoV(한국에서는 2015년 유행) 같은 새로운 고병원성 코로나바이러스가 나타났다. 중국 우한에서 시작한 코로나바이러스감염증-19(코로나19)를 일으키는 신종 코로나바이러스SARS-CoV-2는 현재까지 확인된, 인간에게 감염되는 일곱 번째 코로나바이러스다.

Q&A

2 코로나19 바이러스의 치명률은?

코로나19 바이러스는 아직 진행형이기 때문에 지금의 치명률이 최종 치명률과 일치하지는 않는다. 7월 24일 0시 기준, 국내 치명률은 2.13퍼센트다. 확진 환자가 많은 다른 나라의 치명률도 미국 3.6퍼센트, 브라질 3.7퍼센트, 인도 2.4퍼센트, 러시아 1.6퍼센트, 영국 15.3퍼센트, 스페인 10.5퍼센트, 이탈리아 14.3퍼센트, 독일 4.4퍼센트, 중국 5.5퍼센트 등 제각각이다. 만약 항체검사가 보편화되어 무증상 감염자까지 확인된다면 지금의 치명률은 더 낮아질 수도 있다.

2장

질병관리본부

메르스에서 코로나19까지, 질본을 둘러싼 크고 작은 이야기

강양구 2015년 메르스 유행 이후에 질병관리본부장이 차관급으로 승격이 됐습니다. 그러고 나서 신종 감염병에 맞선 첫 번째 사례가 코로나19입니다. 메르스 유행 때도 방역 행정의 문제점을 지적하는 목소리가 컸어요. 교수님은 그때도 민관합동 종합대응 태스크포스팀에서 활동하셨었죠?

이재갑 그때 하도 이곳저곳에서 활동해서 제가 구체적으로 어디 소속이었는지 기억도 안 나요. (웃음)

강양구 이번에도 마찬가지죠? (웃음) 아무튼 메르스 유행 때도 민관 협력팀의 일원으로 활동하셨고, 이번에도 방역 행정에 자문하는 역할을 맡고 계십니다.

이재갑 맞습니다. 계속 자문위원이죠. 여기저기에서 자문위원으로 일하고 있어요.

강양구 이번 코로나19 유행을 메르스 때와 비교하면 방역 행정이 진일보한 측면이 분명히 있습니까?

이재갑 메르스 유행 때 나왔던 문제 제기 가운데 '질병관리본부 조직이 감염병 위기 대응에 적합한가'가 있었어요. 심각한 문제는 이런 것이었죠. 감염병 위기경보는 '관심', '주의', '경계', '심각' 등 네 단계로 운영되는데, 위로 올라갈수록 독립적이고 전문적인 대응이 안 되는 구조였어요.

사태가 심각해져 단계가 올라갈수록 권한과 책임이 질본이 아닌 다른 곳을 향했으니까요. 그래서 보건복지부 장관이나 국무총리가 질병관리본부장의 대응을 지원하지 않으면 일이 안 되는 구조였습니다. 2015년 메르스 유행 때 실제로 그런 일이 계속해서 반복되었어요. 알다시피, 당시 문형표 보건복지부 장관은 연금 전문가였습니다. 질병에 관해서는 이해가 전혀 없었죠. 하지만 어쨌든 '경계' 단계의 최종 책임자는 본인이니까 사사건건 질본의 대응에 간섭했어요. 초심자 입장에서는 감염병 용어부터 얼마나 생소합니까? 질본에서 아무리 설명을 해도 이해를 못 해요. 그래서 장관이 총리나 청와대에 보고할 일이 있으면, 질본 직원이 두세 시간씩 교육을 해야 했어요. 그 정신 없는 상황에서요.

게다가 메르스 유행 초기에 여기저기서 돌발 사고가 얼마나 많았어요? 최대한 빠른 시간에 상황을 파악하고 적절한 대응을 해야 하는 때였죠. 그런데 그때마다 방역 행정의 최종 의사결정권자인 장관에게 상황 설명을 하는 일부터 어려운 거예요. 이런 일이 반복되니 방역 행정의 실무자 입장에서는 또 얼마나 힘들었겠어요?

강양구 전쟁이 나서 전방에서 전투가 한창인데, 지휘관에게 적군의 실체가 무엇이고 지금 무슨 일이 일어났는지 설명해도 이해를 못 하는 상황이었겠네요. 생각만 해도 아찔합니다. 자신이 감당하지 못할 위기 상황이라면 '리더의 모자'를 선뜻 받아쓰지 말고, 심지어 하급자라고 하더라도 위기 대응이 가능한 사람에게 전권을 주는 일이 필요했을 텐데요.

이재갑 본인이 장관으로서 명령권을 행사하고 싶으니까 밑에 있는 사람을 괴롭힌 거예요. 그래서 질병관리본부장과도 사이가 별로 좋지 않았어요. 보건복지부 장관이 질병관리본부장을 배제하는 일도 있었고요. 한 가지 예를 들어볼까요? 부산의 병원에서 사고가 났다고, 질병관리본부장이 직접 내려가지는 않잖아요. 그런데 당시에는 현장에 가보면 본부장이 있었어요. 본부에 있으면 말도 안 통하는 장관이 괴롭히니까 아예 중앙의

자리를 피해버린 것이죠. 지금은 그런 일은 없습니다. 정은경 본부장이 중앙에 앉아서 전체 상황을 실시간으로 파악하고 있으니까요. 메르스 유행 때는 질본이 사실상 방역 행정을 책임질 수 있는 구조가 아니었습니다.

강양구 그런 상태로 어떻게 그 위기 상황을 극복할 수 있었나요?

이재갑 사실 그때야말로 비선 조직이 움직였습니다. 청와대 비서실에서 대한감염학회와 한국역학회 전문가 몇 분에게 연락을 돌리기도 했습니다. 왜 이렇게 보건복지부와 질본이 움직이지 않느냐고 답답해하면서요. 지금까지 말한 내용은 당시 현장에 있었던 사람이라면 누구나 다 접한 이야기예요. 더 기가 막힌 사례도 많습니다만…….

강양구 그래서 민관합동 종합대응 태스크포스팀이 꾸려졌잖아요.

이재갑 그럴 수밖에 없던 상황이었어요. 무능한 보건복지부 장관과 역할을 못 하는 질병관리본부장. 그러다 보니 지휘부가 빈 상황이 되었어요. 그 와중에 총리까지 개입하면서 지휘 라인이 엉망진창이 된 것이죠. 뒤늦게 그런 상황을 파악한 청와대에서 민간 전문가를 밀어 넣은 거예요. 민간에서 나서서 어떻게든 해보라는 식이었어요. 그래서 민관합동 기구가 만들어졌죠.

2015년 메르스 유행 때 그런 난리법석을 경험하고 나서, 방역 행정에 보완이 이루어졌어요. 우선 중앙방역대책본부(방대본)가 만들어졌습니다. 예전에는 방대본이 중앙사고수습본부(중수본)나 중앙재난안전대책본부(중대본) 산하였습니다. 하지만 지금은 중수본(보건복지부 장관)이나 중대본(국무총리)에 속하기는 하지만, 방대본(질병관리본부장)은 독립적인 기구입니다.

방대본이 언제나 독립 기관으로서 방역 전문가의 역할을 감당할 수 있게끔 구조가 마련된 거예요. 방역의 기본 대응은 방대본에서 맡는 구조가 이때 만들어졌습니다. 위기 대응 단계를 놓고서도 어느 정도 체계가 잡혔고요. 그나마 코로나19 대응이 원활하게 이루어지는 데는 이때 마련된 방역 행정 체계의 정비 때문입니다.

강양구 그 방대본의 권한을 보장하는 차원에서 질병관리본부장도 차관급으로 승격이 된 것이죠. 그런데 여전히 질본이 보건복지부 산하 기관이라서 독립적인 역할은 제한적이지 않나요? 문재인 대통령이 나서서 질병관리청 승격을 지시한 것도 그런 사정을 염두에 둔 탓이겠죠.

이재갑 맞습니다. 바로 그런 문제점 때문에 2015년 당시도 독립 이야기가 나왔죠. 그런데 보건복지부가 반대했어요. 청와대 쪽에 로비도 했고요.

강양구 질병관리본부를 놓을 수 없다?

이재갑 끝내 안 놨어요. 질병관리본부장을 차관급으로 한 것, 딱 하나만 실현이 되었죠. 저는 차관급이 되면 차관과 권한이 똑같은 줄 알았거든요? 그런데 아니더라고요.

무늬만 차관, 권한은 없는 질병관리본부장

강양구 차관급이 되고 나서 질병관리본부장을 지낸 분이 정기석 한림대학교 성심병원 호흡기내과 교수님이시죠. 정 교수님께서 저에게 그런 말씀을 하시더라고요. 자기는 무늬만 차관이었다고. 아시다시피, 어떤 기관의 수장이 그 기관을 통제할 수 있는 권한은 크게 인사권과 예산권 두 가지입니다. 그런데 질병관리본부장은 그 두 가지 모두 없었다고 해요. 정 교수님 말씀을 듣고 보니, 고개가 끄덕여졌어요. 우선 예산권은 기획재정부와 보건복지부가 쥐고 있어서 질병관리본부장이 할 수 있는 일이 제한적이었습니다. 인사권마저도 보건복지부 장관에게 있어서 질병관리본부장의 한계가 또렷했다고 하더군요.

이재갑 그 기준이 아마 5급일 거예요. 6급 이하 인사는 할 수 있지만, 5급 이상은 못 하는 거죠. 5급이면 사무관급 이상이거든요.

강양구 실제로는 과장급, 그러니까 4급(서기관급) 이상의 인사를 하지 못하면 조직을 장악할 수가 없죠.

이재갑 맞아요. 그러다 보니, 이런 문제가 벌어졌어요. 코로나19 유행이 터지기 직전에 감염병관리센터장과 긴급상황센터장을 발탁했는데 두 분 다 행정고시 출신이었습니다. 진단검사센터장만 박사 출신으로, 전문으로 그쪽 연구를 하는 분이었죠. 행시 출신이 질병관리본부 간부로 왔다는 것 자체를 문제 삼을 수는 없어요. 평상시에는 오히려 도움이 될 수도 있었겠지요. 질본이 보건복지부 산하로 있으니, 행정 처리를 하거나 예산을 딸 때는 행시 출신이 내려와 있는 게 도움이 되었을 거예요. 그러라고 내린 거기도 하고요. 그런데 메르스 때는 브리핑 같은 경우, 정말 중요한 한두 번만 본부장이 맡고 대부분 긴급상황센터장이 담당했단 말이에요? 이번에는 상황이 너무 중대해서인지는 모르겠지만, 처음부터 정은경 본부장이 나섰어요.

강양구 많은 시민이 그 이유를 궁금해했습니다. 정은경 본부장이 정말 바쁘고 정신이 없을 텐데 매일매일 한두 시간씩 브리핑하는 모습이 안쓰럽기도 했고요.

이재갑 행시 출신 긴급상황센터장이 상황을 제대로 파악하기가 쉽지 않았을 거예요. 감염병 용어도 생소한데, 국내외에서 실시간으로 쏟아지는 정보를 종합하고 브리핑할 수 없었겠죠. 그러다 보니, 결국 정은경 본부장이 직접 나설 수밖에 없었던 겁니다. 질본의 민낯이 드러난 것이죠.

게다가 메르스 유행 때, 질본이 대응을 못 했다고 처벌을 받았어요. 특히 그때 의사 출신이 징계를 많이 받았죠. 그때 질본에서 성장하던 전문가-관료가 마음 상해서 조직을 떠났습니다. 그 자리를 보건복지부의 인사 적체를 해소하는 용도로 사용한 거예요. 최근에 질본을 행시 출신이 장악한 중요한 이유죠.

행시 출신이 내려와도 질본 일만 잘 돌아가면 상관이 없습니다. 그런데 자문을 하는 외부 전문가 입장에서는 답답합니다. 의사소통이 안 되거든요. 똑똑한 분들이니까 이해만 하면 일은 돌아가는데, 문제는 애초에 이해를 시키기가 어려운 거예요. 그나마 이런 상황에서도 정은경 본부장이 있으니까 질본이 이 정도 역할을 할 수 있었다고 생각해요.

강양구 요약해보면, 메르스 때 여러 문제가 발생하고 나서 긴급 상황 시 각 단계에 따른 조직체계는 정비가 되었어요. 여기에 맞추어서 질병관리본부장도 차관급으로 승격이 되었고요. 그런데 사실 무늬만 차관급이지, 실제로 차관으로서의 독립적인 권한과 책임을 행사할 수 있는 시스템이 마련되지 못했던 것이죠. 이게 질병관리청 독립 이야기가 나온 배경이고요.

이재갑 그렇습니다. 사실 예산도 마찬가지인 사정입니다. 보건복지부를 거쳐서 예산을 신청하는 단계에서 이미 깎여요. 기획재정부 가면 또 깎이고, 국회 가면 또 깎이죠. 이런 상황이 반복되었어요. 질본이 보건복지부 말에 꼼짝도 못 하는 구조가 마련된 것이죠. 보건복지부를 설득하지 못하면 모든 일이 돌아가지 않으니까요. 실제로 내부 이야기를 들어보면 보건복지부 과장과 질병관리본부 과장이 급수는 동등해도 전자가 1과장이면 후자는 1.5과장 정도로 대우를 받는대요. 그래서 행시 출신이 대거 질병관리본부로 내려올 때, 내심 환영했다는 후문도 있습니다. (웃음)

강양구 행정 조직으로서 답답한 점은 그분들이 해소해줄 수도 있으니까요. 행시 동기고, 선후배고 그럴 테니까요.

이재갑 그런 것 좀 없어야 해요. 하여간 이런 상황이 반복되니까 질본도 좀 더 전문 기관의 성격을 강화해야 한다고 생각한 것이죠. 예를 들어 질병관리청 독립과 같은 방식으로요. 그런데 보건복지부가 반발합니다. 독립을 반대하는 논리는 이겁니다. 만약 질병관리청으로 독립했을 때, 다른 부처와 협조해야 할 상황이 온다면 질병관리청 스스로 조율하고 맞추어갈 능력이 있느냐는 겁니다. 지금까지는 보건복지부가 있었기에 가능했다는 거예요. 위기 대응 시에도 보건복지부가 중수본을 꾸려서 다른 부처와 협력하니까 질본이 방역에만 집중할 수 있다는 거죠. 막상 독립하면 위기 상황에서 질병관리청이 제 역할을 못 할 거라고 엄포를 놓는 겁니다.

아주 틀린 말은 아니에요. 왜냐하면 실제로 질본이 보건복지부 그늘에서 독립 기관으로서의 역량을 쌓지 못한 건 사실이니까요. 하지만 이렇게 표면적으로 내세우는 이유가 전부일까요? 아닙니다. 보건복지부 내의 인사 적체, 예산 규모, 이런 것의 약화가 두려운 게 아닐까요?

강양구 질병관리청이나 질병관리처가 만들어지면, 그에 맞게끔 시스템을 만들면 되잖아요. 권한과 책임을 주고, 시행착오를 거치면서 역량을 강화할 수 있도록요.

이재갑 그렇죠. 역량을 강화하면 됩니다. 아예 역량을 키울 수 있도록 좀 더 많은 권한을 줘도 됩니다. 아예 장관급 기관으로 만들어도 되고요.

질병관리본부에서 질병관리청으로, 관료주의의 한계를 뛰어넘어야

강양구 이미 문재인 대통령이 지시했기 때문에 21대 국회에서 질병관리청이든 질병관리처든 독립은 기정사실이 되었어요. 2022년 대선이 가까워지면 정부조직 개편 논의가 본격화할 텐데요. 그때 아예 보건복지부도 보건부와 복지부로의 분리를 고민해봐야 할 것 같아요. 우선 복지 영역이 과거와 비교할 수 없을 정도로 중요하고 커졌다는 데에는 모두가 동의할 테고요.

그와 더불어 이번에도 확인했지만, 꼭 감염병 유행이 아니더라도 보건 영역도 복지만큼이나 중요합니다. 그런데 보건과 복지가 함께 묶여서 '윈윈'을 하기보다는 서로 발목을 잡는 듯해요. 그래서 복지는 복지대로, 보건은 보건대로 나누어서 독립된 보건부와 독립된 질병관리청이 긴밀하게 협조 관계를 유지하는 편이 훨씬 낫지 않을까, 이런 생각을 해봤어요.

이재갑 2015년 메르스 유행이 끝나고서도 논의가 있었는데요. 어떤 그룹은 보건부가 독립하면서 질병관리본부가 함께 나가는 방법을 제안했어요. 사실 보건과 복지는 연관이 많다고 생각하기 쉽지만, 떼어놔도 하등 문제가 없습니다. 같은 울타리 안에 있지 않더라도 충분히 협력할 수 있고요. 그런데 곧바로 이런 반론이 있었죠. 질본 하나 독립하기도 힘들 텐데 보건부와 복지부를 나누는 일은 더 힘들 것이라고요. 더구나 보건 영역만 독립해서는 규모가 작아진다는 걱정도 있었고요. 무엇보다 보건복지부가 그런 분리를 받아들일 리가 없지요. 그래서 차선책으로 우선 질병관리본부라도 질병관리청으로 독립하자는 안이었어요.

강양구 그 질병관리청 독립도 안 되었잖아요.

이재갑 차관급 격상만 된 것이죠.

강양구 이번에도 문제가 많았어요. 엉망진창이긴 합니다만 미국은 어쨌든, 앤서니 파우치 미국 국립 알레르기·전염병연구소장이 계속해서 대통령과 커뮤니케이션하면서 중앙 방역을 진두지휘하잖아요? 그러나 우리나라는 정은경 본부장이 방역 당국의 실질적인 수장으로 활약해왔고, 또 시민도 그렇게 여깁니다. 그런데 실질적인 권한은 국무총리에게 있잖아요.

이재갑 맞습니다. 국무총리에게 있죠.

강양구 방역 행정을 놓고서는 처음부터 끝까지 한 사람이 전권을 쥐고서 진두지휘하고, 필요하다면 대통령, 국무총리, 부처 장관이 협조하는 구조가 맞지 않을까요?

이재갑 형식만 놓고 보면 그런 구조가 마련되어 있어요. 감염병 대응의 책임자는 여전히 정은경 본부장입니다. 방대본 정은경 본부장이 전문가로서 방역 대응을 결정하고, 중대본 정세균 국무총리가 그런 정 본부장의 의견을 참고해서 방역 행정의 최종 의사 결정을 내리는 식이죠. 그런데 한국은 관료 사회라는 사실을 기억해야 해요.

미국의 관료가 앤서니 파우치 소장을 대할 때는 하급자라기보다는 전문가로서 대하고 존중할 거예요. 하지만 한국의 국무총리나 장관은 정은경 본부장을 대할 때 전문가라기보다는 하급 관료로 대할 겁니다. 그러니 질병관리본부장이 전문적인 의견을 내도 총리나 장관이 보기에는 "내가 총리인데", "내가 장관인데" 하는 상황이 되는 거예요.

물론 총리나 장관과 본부장 사이에 눈에 띄게 갈등이 부각된 적은 없습니다. 거꾸로 말하면 정은경 본부장이 관료 사회에서 성장한, 의사 출신에 감염병 전문가이기 때문에 그 사회의 습성을 아니까 조심스럽게 대한 것이라고도 볼 수 있어요. 정 본부장 특성이 다른 사람과 각을 세우는 분이 아니거든요. 그러니까 겉에서 보기에 문제없이 돌아가는 것처럼 보인 거죠.

강양구 사실 아슬아슬한 순간이 많이 있었고, 또 앞으로도 많이 있을 것 같습니다. 솔직히 말씀드리면, 5월 6일 '생활 속 거리 두기'로 전환하고 나서 국내의 방역이 위태로운 상황으로 치달은 것도 정 본부장을 비롯한 방역 실무자의 전문성과 그에 따른 권한을 총리나 장관이 무시한 탓이 크다고 생각합니다.

이재갑 우리나라 관료주의의 특성이 방역 행정을 망치고 있는 거죠. 앞으로 그 부분을 빠른 시간에 보완하지 않으면, 코로나 19 유행이 끝나기 직전까지 여러 번의 위기 상황이 오리라 생각합니다. 그 피해는 고스란히 시민이 떠안을 테니 보통 일이 아니죠. 아직 끝이 보이지 않는 상황이라서 걱정입니다.

강양구 질병관리청이나 질병관리처가 만들어지면, 이재갑 교수님도 들어가서 3년 정도 역할을 할 생각이 있으세요?

이재갑 제가 들어간다고 달라질까요? 저와 이런 이야기를 많이 나누었던 동료 가운데 이희영 경기도 감염병관리지원단장이 있습니다. 사실 저나 이 단장 모두 이번에 비례대표 국회의원 출마 권유가 있었어요. 둘 다 국회는 가지 말자고 생각했던 이유가, 정작 현장이 무너질 것 같은 위기감 때문이었습니다.

이 단장에게 이렇게 물어본 적이 있어요. "질병관리청으로 바뀌어서, 질병관리본부가 정말 새로운 모습을 보여주면 들어갈래?" 하고요. 그랬더니 이렇게 대답하더군요. "응, 질병관리본부가 정말 좋아지면." 만약 질병관리본부가 관료의 영향을 덜 받으면서, 생각한 바를 제대로 밀고 갈 수 있는 독립적인 환경에 놓인다면, 나라를 위해 3년 정도 봉사할 수 있습니다.

그런데… 바뀔까요? 관료주의의 한계를 벗어던지지 않으면, 저나 이 단장 같은 전문가가 들어간들 무력감만 경험할 것 같아요. 아마 저도 관료 사회에 포획당하겠죠.

강양구 맞습니다. 질병관리청 독립만큼이나 중요한 일이 전문적이고 유능한 조직으로 거듭나는 것이잖아요? 지금 전문성이 필요한 정부 부처 가운데 가장 욕을 많이 먹는 곳 중 하나가 식품의약품안전처(식약처)입니다. 사실 식약처는 굉장히 일찍부터 독립했고, 그 중요성 때문에 청에서 처로 승격도 되었어요. 그런데 전문성과 효율성 면에서 욕을 많이 먹고 있죠.

이재갑 그렇죠. 독립했다가 전문성도 인정 못 받고 일도 못 한다는 소리를 들으면 최악인 거죠. 이번에 질병관리청 독립을 말할 때, 그대로 나가면 절대로 안 되고 보건 기능을 수행하는 보건복지부의 주요 과를 끌고 나가야 합니다. 의사 출신마저도 질병관리본부에서 시작한 사람과 보건복지부에서 시작한 사람의 승진은 다르다고 생각하거든요.

강양구 질병관리본부에서 시작하면 비전이 없다고 생각하는 건가요?

이재갑 그런 거죠. 승진해서 위로 올라가기 힘들다고요.

강양구 그렇다면 이런 시스템이 마련되어야 하겠네요. 의사 가운데 행정이나 정치에 뜻이 있는 사람이 있다고 합시다. 그러면 질본에 들어가서 경력을 쌓다가 질병관리본부 청장이나, 혹은 보건부가 독립된다면 보건부 장관을 꿈꿀 수 있어야죠. 때로는 그 과정에서 정치인으로 존재 이전을 할 수도 있고요. 이런 식의 비전이 있어야 합니다.

이재갑 솔직히 지금이 기회입니다. 지금 질본 인기가 많이 올라갔잖아요? 이번 코로나19 유행 국면에서 가장 믿는 곳이 어디냐고 물었을 때, 전 국민의 80퍼센트가 질본을 꼽았다고 합니다. 정은경 본부장도 국민의 사랑을 절대적으로 받고 있고요. 이런 상황에서 독립한 질본이 그 기대에 부응해야죠. 그렇지 않으면 오히려 심각한 타격을 입을 겁니다.

코로나19 정국에서 단연 눈에 띈 한 사람, 정은경 본부장

강양구 질병관리본부에 대한 신뢰가 높다는 이야기가 나왔습니다. 사실 상당 부분 정은경 본부장에 대한 신뢰 때문인 거잖아요?

이재갑 맞습니다. 저는 그저 한국이 복을 받고 있다고 생각해요. 이 상황에서 정은경 본부장이 질병관리본부장이라는 게 말입니다.

강양구 정은경 본부장이 성실하고 유능하며 커뮤니케이션 능력도 뛰어나다는 사실은 우리나라 시민이라면 누구나 다 인정할 텐데요.

이재갑 정은경 본부장의 과거 이력을 되짚어보면, 이상할 정도로 감염병 위기 상황에서 중요한 역할을 했어요. 다시 말하면, 유능해서 맡았을 수도 있고요.

강양구 일단 가정의학과 전문의로 예방의학 박사 학위를 받았습니다. 의사 출신으로 공무원이 되고 나서 계속해서 중요한 실무를 경험하며 경력을 쌓아왔고요.

이재갑 그렇죠. 사실 2009년 신종플루 유행 때와 2015년 메르스 유행 때는 관련 부서가 아니었어요.

강양구 아, 2015년 메르스 때 관련 부서가 아니었어요? 이상하네요. 메르스 부실 대응에 책임이 있다고 징계를 받기도 했었잖아요.

이재갑 아닙니다. 그때 정은경 본부장은 질병관리본부 질병예방센터장이었어요. 만성 질환 담당이었죠?

강양구 맞네요. 그러다 차출이 되었죠? 중앙메르스관리대책본부 현장점검반장이었던 것으로 기억합니다. 그때도 언론 브리핑을 맡았죠.

이재갑 맞습니다. 그전에 몸이 좀 아팠던 것으로 기억하고요. 당시 질병관리본부 감염병관리센터장이 초기 대응에 실패하고서 숨어버렸어요. 그래서 어쩔 수 없이 정은경 본부장이 대신 차출된 것이죠. 현장점검반장이라는 모호한 직책으로 불려가서 일하고, 대변인 역할까지 겸했습니다.

강양구 그런데 결국 징계도 받았죠.

이재갑 그러니까요. 어려운 상황에서 불려가서 어쩔 수 없이 일했어요. 브리핑을 했으니 눈에 띌 수밖에 없잖아요. 그래서 징계도 함께 받았어요. 사실 들어가서 수습한 죄밖에 없는데 말이죠. 그런데 정은경 본부장이 원래 그랬어요. 전임자가 문제를 일으키거나 부서에서 분란이 생기면 매번 그 자리로 가서 불 끄는 일을 계속했습니다.

강양구 원래 방역 전문가셨네요. 감염병 방역, 심리 방역, 행정 방역까지 전부 다요. (웃음)

이재갑 유명했어요. 보건복지부에서 담당 과장이 안 좋은 일로 바뀌고 나면 정은경 본부장이 들어가서 수습하곤 했습니다. 옆에서 보면 마음이 안 좋죠. 힘드셨을 테니까. 그런데 정말 꼼꼼하신 분입니다. 업무를 파악하는 능력도 굉장하고요. 질본에서 구체적인 업무는 보통 연구사급이 해요. 그런데 연구사보다 더 업무를 잘 파악해서 다들 깜짝 놀라요.

강양구 실제로 교수님은 정은경 본부장과 커뮤니케이션을 많이 해보셨을 텐데요. 그때도 굉장히 전문성이 돋보이죠?

이재갑 저는 두 가지 부분을 이야기하고 싶어요. 말씀하신 대로 전문성이 돋보이는 부분이 있고요. 관료 입장에서 가끔 잘못한 게 있으면, 아무래도 두루뭉술한 태도를 취하고 싶을 때가 있잖아요? 그런데 정은경 본부장은 그렇지 않으세요. 특히 지난번에 3번 환자 역학조사가 잘못돼서 여섯 시간 앞당겼을 때도 그랬고요.

강양구 명백히 질본이 잘못한 거라고 사과했잖아요.

이재갑 맞아요. 사실 상황이 워낙 긴박했고, 잘못했다고 바로 인정하지 않을 수도 있었거든요. 이 모습을 보니까, 문재인 대통령이 투명성이 가장 중요하다고 언급했던 장면이 떠오르더라고요.

강양구 저는 2월 둘째 주, 그러니까 29번-30번 환자가 발생하기 직전에 정부의 감염병 커뮤니케이션을 놓고서 청와대가 의뢰한 자문에 응한 적이 있어요. 그때 그분들이 저에게 반복적으로 물어봤던 게 정은경 본부장에 관한 내용이었습니다. 정 본부장의 인기의 비결이 뭐냐고 생각하는지, 정은경 본부장의 커뮤니케이션 능력에서 배워야 할 게 무엇인지 등이었죠.

그때 제 대답도 교수님 말씀과 통하는 부분이 있습니다. 먼저 투명한 커뮤니케이션에 대해서 많은 시민이 신뢰하고 있다는 점을 들었어요. 저도 같은 사례를 이야기했거든요. 잘못한 건 잘못했다고, 아는 건 안다고, 모르는 건 모른다고 말하는 부분을 짚었습니다. 사실 신종 감염병인 만큼, 모르는 게 있을 수밖에 없잖아요? 이 상황에서 불확실한 건 불확실하다고 이야기하는 게 굉장히 중요한 지점입니다. 그런 소통 과정을 통해서 시민이 확신을 얻은 거죠. 정은경 본부장이라면 최소한 감추는 것은 없겠다는 믿음이 생긴 거예요. 이 부분이 중요하다고 언급했습니다.

사실 저는 안 그래도 바쁜 정은경 본부장이 매일 브리핑을 할 필요는 없다고 생각해요. 다만, 여성의 커뮤니케이션이 공적 공간에서 어떤 힘을 발휘할 수 있을지 보여주는 대목도 있었다고 봅니다. 한국 사회에서 지금껏 남성 관료들이 해왔던 부정적인 일이 한두 가지가 아니에요. 자신의 안위나 혹은 야망을 실현하기 위한 수단으로서 공적 발화를 이용했던 일이 많았죠. 그런데 정은경 본부장이 이야기할 때는 진정성이 묻어나옵니다. 오로지 바이러스로부터 공동체를 지키는 데만 관심이 있다는 인상을 줍니다. 이렇게 얻은 시민의 신뢰는 앞으로 정은경 본부장이 국면을 헤쳐나가는 데 큰 도움이 될 테고, 위기 상황에서 커뮤니케이션을 하는 다른 관료도 벤치마킹해야 할 대목이라고 생각합니다.

아니나 다를까, 그때 이후로 훨씬 많은 위기 국면을 거치면서도 여전히 뚝심 있게 해나가는 모습을 보니까 말마따나 문재인 대통령도 우리도 큰 복을 받았다는 생각이 듭니다. 하지만 한편으로는 그런 정 본부장을 상급자, 구체적으로는 총리나 장관이 뒷받침하지 못하는 모습에 화도 나고요.

이재갑 5월 6일 생활 속 거리 두기로 전환되었을 때, 정말 한숨밖에 나오지 않았습니다. 지역사회 감염자가 0명이 나오는 놀라운 상황이 되었지만, 실제로 그 안에 숨은 감염자가 있을지에 대해서는 질본이 확신을 못 하던 시기였어요. 그래서 4월 말에서 5월 초의 연휴 기간이 우리나라 방역의 분기점이라 생각하고 있었거든요. 감염병 전문가들이나 질본은 연휴 이후 2주 정도는 사회적 거리 두기가 지속되기를 바라고 있었던 것으로 기억합니다.

그런데 보건복지부 장관도 그렇고, 총리도 그렇고 경제 상황을 이야기하면서 더 이상은 어렵다고 하더니만 심지어 총리가 위기경보단계를 '심각'에서 하향 조정도 가능하다고 말을 꺼내버린 거예요. 그나마 긴장의 끈을 놓지 않고 버티던 시민의 심리적 마지노선을 무너뜨린 거죠. 지금도 연휴 기간 사이의 중수본과 중대본의 움직임은 한숨과 분노를 삼키게 합니다. 이때 총리가 정은경 본부장의 의견만 들었더라도 지금, 조금은 나은 시간을 보내고 있지 않았을까 하는 생각이 듭니다.

3 코로나19 바이러스에 취약한 사람은?

코로나19 바이러스는 65세 이상의 고령자를 공격한다. 국내 80대 환자의 치명률은 25퍼센트, 70대 환자의 치명률은 9.43퍼센트로 높다. 60대 이상의 치명률도 2.25퍼센트다. 반면에 20대 이하는 사망자가 없다. 특히 15세 이하 아동의 경우 코로나19에 감염되더라도 가볍게 앓고 지나가는 경우가 대부분이라는 사실도 흥미롭다. 다만 영유아의 경우 코로나19 바이러스에 의한 면역 교란으로 발생하는 것으로 추정되는 다기관염증증후군 증상이 나타날 수 있다.

당뇨, 고혈압, 심장 질환 등을 앓고 있는 환자도 코로나19 바이러스에 취약하다. 60대 이상의 노인이나 당뇨, 고혈압, 심장 질환 등의 기저 질환을 앓고 있는 경우라면 특별히 코로나19 바이러스에 감염되지 않도록 조심해야 한다. 가족 가운데 이런 고위험군이 있는 사람들은 감염되지 않도록 특별한 주의가 필요하다.

Q&A

4 코로나19 바이러스의 전파력

바이러스의 위력은 전파력과 치명률, 두 가지를 살펴야 한다. 코로나19 환자 1명이 병을 옮길 수 있는 사람 수(R0)는 2~4명 정도로 추정된다. 이는 겨울철에 유행하는 계절 독감(1.4~1.6명)보다 두 배에서 네 배 가까이 높은 수준이다. 다만 홍역(15~18명) 등 공기 전파가 확인된 감염병에 비해서는 낮은 수준이다.

3장

공공의료

'공공'과 '민간'이라는 이분법

강양구 공공의료체계를 놓고도 이야기해볼게요. 여러 쟁점이 있습니다. 감염병 유행 사태가 터지면, 공공병원이 사실상 군대 같은 역할을 담당합니다. 그런데 우리나라는 OECD 국가 가운데 공공병원 비율이 최하위에 속해요. 병원 기준으로 하면 5~6 퍼센트 정도 되고, 병상 기준으로 하면 10퍼센트 정도 되는데 정말 최하위인 거죠.

지금 공공병원을 놓고는 두 가지 논의 방향이 있습니다. 한편으로는 공공병원이 확충되어야 한다는 것입니다. 2013년 홍준표 경상남도지사 시절 문을 닫은 진주의료원 같은 공공병원이 유지되었다면 코로나19 유행 상황에서 분명히 도움이 되었을 거예요. 지금 광역지방자치단체장 등이 관심을 많이 두는 방안입니다.

다른 한편으로는 이번 기회에 민간 소유 병원의 공공성을 높일 수 있는 방안을 강구해야 합니다. 왜냐하면 이번에 감염병 유행을 겪고 나서 공공병원만으로는 극복에 한계가 있다는 사실이 명백히 드러났어요. 민간병원의 중환자실 진료 역량이 확충되지 않고서는 이런 위기를 극복하기 어렵습니다.

연장선에서 김윤 서울대학교 의과대학 교수(의료관리학교실)의 이야기부터 논의를 시작해보면 좋겠어요. 그분이 〈한겨레〉에 기고한 칼럼을 한번 읽어보겠습니다.

> "분석 결과 전체 병상의 10퍼센트에 불과한 공공병원이 코로나19 환자 4명 중 3명을 진료한 반면, 전체 병상 중 90퍼센트를 보유한 민간병원은 나머지 1명만 진료하는 데 그쳤다. 평소 질이 떨어지고 적자를 낸다고 찬밥 취급을 받던 공공병원이 위기 상황에서 진가를 발휘한 것이다. 전국적으로 살펴봐도 상황은 크게 다르지 않다. 코로나19 환자의 치명률이 계속 높아져 가는데도 서울대병원을 제외한 이른바 '빅5' 병원에서 진료받은 환자는 채 10명이 되지 않을 것으로 추정된다. 요약하면 대구-경북에서 병상이 부족해 환자가 사망하거나 다른 지역 병원으로 이송될 수밖에 없었던 근본 이유는 병상을 즉각 동원할 수 있는 공공병원은 병상이 부족했던 반면, 대부분의 병상을 보유한 민간병원은 코로나19 환자에게 병상을 내주지 않았기 때문이었다." (〈한겨레〉 2020년 4월 14일 자)

사실 이 칼럼은 행간을 읽을 필요가 있습니다. 왜냐하면 공공병원이 코로나19 환자 4명 가운데 3명을 진료하긴 했습니다. 하지만 민간병원이 진료한 나머지 1명은 공공병원에서 감당하기 어려운 생명이 위중한 중증 환자였거든요. 그러니까 이 칼럼을 놓고서 공공병원과 민간병원을 이분법으로 나눠서 어느 쪽이 더 나았다는 식으로 읽으면 현실을 잘 못 볼 수 있어요.

이재갑 여기서 '공공병원'부터 정확히 정의하는 게 필요해 보여요. 보험 체계부터 이야기를 해볼게요. 우리나라는 공공의료보험 체계잖아요? 병원이 환자를 진료하고 나서 받는 의료 수가가 모두 국민건강보험 같은 공공 재원에서 나옵니다. 그래서일까요? 일반 시민은 대학병원이든 어디든 공공 재원에서 돈을 받고 있으니 '공공병원'이라고 인식하는 경우가 많습니다. 그런데 사실 국민건강보험공단 같은 곳에서 하는 일은 시민에게 미리 걷은 돈(건강보험료)을 병원에 애초 정한 기준대로 대신 내주는 것뿐이거든요. 90퍼센트 이상의 병원 자체는 민간에서 운영합니다. 민간이 시설 투자를 하고 나서, 병원을 운영하는 것이죠. 다만 진료한 대가를 환자에게서 직접 받기보다는 국민건강보험공단에서 받는다는 차이가 있을 뿐이에요.

강양구 그러다 잘 안되면 망하기도 하고요.

이재갑 그렇죠. 그냥 끝나는 거예요. 정부에서 병원 망하는 걸

막으려고, 보험료를 더 주고 이러는 것도 아니고요. 그러니까 병원은 민간입니다. 시민은 병원이 국민건강보험에서 돈을 받으면서, 왜 공적인 책임을 지지 않느냐는 이야기를 하는데요. 사실 병원 입장에서는 이런 속사정이 있습니다.

강양구 민간병원 병원장이나 의사들과 보건의료, 혹은 공공성에 관한 이야기를 나눌 때가 있어요. 그때마다 정부에서 해주는 게 없는데, 우리에게 무슨 공공성이 있냐는 반문을 받곤 합니다. 또 한편으로는 그런 상황에 놓인 것치고는 한국의 민간병원이 굉장히 공적 역할을 담당하고 있고, 또 담당해야 하는 게 아닌가 싶어서 답답하기도 하고요.

이재갑 예를 들어, 병원에서 MRI나 CT 같은 의료 장비를 들여올 때 정부는 한 푼도 지원하지 않습니다. 의사들 월급 줄 때도 한 푼도 지원하지 않아요. 심지어 의사가 환자를 진료하고 받는 의료 수가도 실제로 한 것과 비교했을 때 낮은 수준이라는 지적이 계속해서 나오고 있습니다. 그러니까 민간병원도 공공성을 가져야 한다는 주장은 공공의료 정신을 말하는 히포크라테스 선서처럼 현실에서는 공허할 수밖에 없어요. 공공성이 있을 수가 없는 조직인데, 자꾸 공공성을 강조하니까요.

이건 사실 지방자치단체 소속의 지방의료원 같은 공공병원의 사정도 마찬가지입니다. 지금과 같은 상황에서는 공공병원이라고 그 역할을 칭송해줍니다. 그런데 그런 공공병원은 대개 독립 채산제로 운영이 됩니다. 공공병원은 지역사회의 힘들고 어려운 환자를 진료하기 때문에 적자를 볼 수밖에 없어요. 그런데 그렇게 적자를 보면 고스란히 병원의 부채로 쌓이죠.

강양구 조승연 인천의료원 원장께서 경영 걱정을 굉장히 많이 하시더라고요. 처음에는 귀를 의심했던 게, 공공병원 병원장이 월급을 못 준다고 하셔서요. 지금 코로나 진료 때문에 일반 환자를 못 보고 있는데, 손실 보장을 제대로 안 해주면 직원들 월급도 못 준다고 걱정하는 걸 보고 많이 놀랐습니다. 말이 안 되잖아요? 이건 방역 행정 공무원에게 월급을 못 주는 것이니까요.

이재갑 그렇죠. 공무원 월급은 세금에서 주잖아요. 그런데 공공의료원은 사실 말이 공공의료원이지, 병원이 알아서 운영해서 월급을 주는 상황입니다. 공공의료원 같은 공공병원마저도 지역의 민간병원과 경쟁을 해야 하는 상황이에요. 그런데 지방자치단체에서 투자도 제대로 안 하는 상황에서 경쟁이 될 리가 없잖아요.

강양구 그러다 계속해서 적자가 쌓이면 진주의료원 폐업 같은 일이 벌어지는 거네요.

이재갑 그렇죠. 만약 중앙정부나 지방정부가 지원 의지가 없으면, 그냥 확 문을 닫아버려도 할 말이 없는 게 공공의료원의 상황이에요. 더 큰 문제는 공공의료원 경영을 제대로 하려면, 우선 투자가 중요하거든요. 시설도 물론이거니와, 월급도 팍팍 주면서 좋은 의사들을 끌고 와야죠. 민간병원처럼 운영이 되어야 해요.

코로나19 이후 공공의료체계가 나아가야 할 방향은?

강양구 방금 언급한 인천의료원을 예로 들자면, 이곳은 인천 시민의 접근성이 떨어져요. 병원은, 더군다나 취약계층을 위한 공공병원은 접근성이 아주 중요합니다. 예를 들어, 진료비는 아주 싼데 대중교통이 없어서 오갈 때 택시를 이용해야 한다면 취약계층에게는 배(병원비)보다 배꼽(교통비)이 더 큰 상황이 될 테니까요.

이렇게 취약계층을 비롯한 시민이 접근하기 좋은 곳에 자리를 잡고, 민간병원 못지않은 좋은 시설을 갖추고, 더 나아가 의료진의 실력도 좋은 공공병원을 만들어야 합니다. 그런데 재정 지원이 취약한 공공병원은 이 셋 모두에서 민간병원에 뒤집니다. 그러니 당연히 경쟁력이 떨어질 수밖에 없지요.

이재갑 그래서 시민이 외면하면 수익이 안 난다고 타박을 받아요. 그러다 문을 닫아야 하는 처지가 됩니다.

강양구 막막하네요. 어디서부터 시작해야 할까요?

이재갑 결국은 공공병원이 필요하다는 공동체의 공감대가 있다면, 중앙정부나 지방자치단체가 전폭적으로 지원해주는 일이 필요합니다. 그래야 특히 양질의 인력이 공공병원을 지킬 수 있습니다. 예를 들어 코로나19와 같은 상황에서 가장 중요한 일이 무엇이냐면 중증 환자를 돌보는 일입니다. 중증 환자를 잘 치료해서 치명률을 떨어뜨려야 합니다. 아까 기자님께서도 지적하셨듯이 공공병원이 코로나19 환자 4명 가운데 3명을 진료했지만, 그 가운데 중증 환자 비중은 적습니다. 국내의 공공병원이 중증 환자를 볼 만한 여력이 없어요. 서울시 보라매병원처럼 아예 서울대병원에 맡겨서 운영하는 경우는 예외고요. 당장 감염병을 진료할 감염내과 의사가 있는 공공병원이 드물거든요.

강양구 저도 그 대목이 고민이에요. 많은 광역지방자치단체장은 예산을 확보하고 시설 투자를 충분히 해서, 대형 공공병원을 건립하는 일을 우선순위로 두고 있습니다. 그런데 사실 병원을 짓기만 해서 끝나는 일이 아니잖아요. 먼저 시민의 접근성이 좋아야 하고, 더 나아가 효율적인 경영 체계, 유능한 인력, 지속적인 재정 지원이 있어야 합니다. 자칫하면 그럴듯한 병원만 세워 놓고 정작 제 역할을 하지 못하는 무늬만 공공병원이 만들어질 수도 있거든요.

이재갑 국립중앙의료원NMC 이야기를 해볼게요. NMC가 1960년대만 해도 엄청나게 좋은 병원이었습니다. 스칸디나비아 3국의 의료진이 와서 수술도 가르쳐줬고, 또 직접 수술도 했어요. 우리나라에서 암 수술을 제대로 할 수 있는 몇 안 되는 병원이 NMC였어요. 그런데 1970년대, 1980년대, 1990년대 이렇게 시간이 지나고 2000년대 들어서 서울대병원과 NMC를 비교해 보면 어떤가요? NMC는 어느 순간부터 통상의 공공의료원으로 전락했어요. 예컨대 우리나라 의사 가운데 NMC가 정말 최고의 국립 병원이라고 생각하는 사람이 얼마나 될까요?

이렇게 된 데는 대학병원의 급성장이 중요한 원인으로 작용했죠. 전문성을 요구하는 고난도의 진료가 대학병원 중심으로 도입이 되었습니다. 그러면서 의과대학이 있는 대학병원과 국공립 의료원의 수준차가 크게 벌어지는 상황이 되었어요. 만약 NMC가 의과대학 부속 병원이었다면, 이런 식으로 쪼그라들지는 않았을 거예요. 지방자치단체가 아무리 근사한 공공병원을 만들어놓아도 대학병원 중심으로 짜인 한국의 의료 체계 안에서는 성과를 내기가 쉽지 않을 겁니다. 실제로 NMC를 의과대학병원으로 만들려는 노력이 있었지만 성공하지 못했습니다.

강양구 더군다나 지금의 대학병원은 모두 교육부에서 관리하고 있습니다.

이재갑 그러니까요! 막상 국립대학교 부속 병원(국립대 병원)은 공공기관에 해당하는데도 교육부 소속이라서 보건복지부가 건드리지 못해요. 어쩌면 국립대 병원과 의과대학을 모두 보건복지부 밑에 두는 게 나을지도 몰라요. 그래서 NMC를 서울대병원의 부속 병원 형태로 운영을 한다든지 이런 방식으로요.

강양구 하지만 국립의료원을 특정 국립대 부속 병원으로 한다는 것은 난센스 같기도 합니다.

이재갑 물론 그렇습니다. 하지만 그렇게 했다면 NMC의 모습이 달라졌을 테니까요.

강양구 예를 들어 공공의과대학 이야기가 있습니다. 만약 공공의과대학이 마련되면, 그 수련 병원으로 NMC 같은 곳을 지정하면 어떨까요?

이재갑 그러면 상황이 훨씬 나아지겠죠. 솔직히 말하면, 한국에서 '대학교수'가 갖는 특권이 있잖아요. 예를 들어서 2015년 메르스 유행 때 이런 이야기를 들었어요. 외국 전문가와 컨퍼런

스를 진행한다고 해서 NMC 선생님을 추천했더니, 대학교수가 아니라 내세우기가 그렇다는 식으로 답하는 분들이 계시더라고요. 우리나라 공공병원의 위상이 이렇습니다. 열심히 하고 계시지만 그만한 인정을 못 받고 계셔서 씁쓸하기도 합니다.

강양구 그래서 저는 독일 사례가 눈에 들어오더라고요. 독일은 유럽의 다른 나라와 비교했을 때, 공공병원의 비중이 낮아요. 병상 기준으로 봤을 때, 영국(96퍼센트), 이탈리아(73퍼센트), 프랑스(65퍼센트) 등이 100퍼센트에 가깝거나 3분의 2를 넘는 수준이라면 독일(47퍼센트)은 절반이 되지 않습니다. 물론 한국(10퍼센트)보다는 훨씬 높지만요. 그렇다면 독일이 이탈리아, 영국 등과 비교했을 때 바이러스 유행에 적절하게 대응하는 모습을 민간병원의 비중이 상대적으로 높은 덕분으로 해석해야 할까요? 천만의 말씀입니다. 독일 병원은 "지방정부가 공공 재정으로 재정을 투자하고, 각종 보험(의료 보험, 민간 보험)과 본인 부담으로 경상 운영을 하는", "이중 재정"(김창엽 서울대학교 교수)이 특징입니다.

이런 식입니다. 병원의 소유 주체와 무관하게, 즉 민간병원도 지방정부의 투자를 받을 수 있어요. 다만 병원이 지방정부의 투자를 받으려면 (해당 지역의 의료 서비스 계획에 맞춘) 정부의 요구사항을 수용해야 합니다. 지방정부는 이런 투자를 통해서 해당 지역의 병원, 병상, 전문 과목 등을 규제(!)하죠. 이런 똑똑한 정부 개입의 결과가 바로 독일이 유럽에서 절대 숫자든 인구 대비 숫자든 가장 많은 2만 8,000개의 중환자 병상과 2만 5,000개의 인공호흡기를 보유할 수 있게 된 배경이죠. 이런 뒷받침이 있었기 때문에 바이러스가 공격했을 때, 독일은 의료 체계를 방어하면서 중환자를 관리할 수 있었습니다.

물론 독일 지방정부가 이렇게 의료 서비스에 지속해서 투자할 수 있었던 데는 기본적으로 유럽의 다른 나라, 특히 이탈리아와 같은 남부 국가와 비교했을 때 좀 더 나은 경제 사정이 뒷받침되었을 거예요. 독일이 앞으로도 계속해서 선방할 수 있을지는 지켜봐야 하겠죠.

하지만 독일은 공공과 민간의 이분법을 넘어서는 정책을 통해 의료의 공공성을 끌어올렸을 뿐만 아니라, 다른 유럽 나라와 비교했을 때 위기 상황에 대한 대비도 철저하게 한 것으로 보여서 인상적이었습니다. 한국도 독일의 사례에서 배울 수 있는 게 있지 않을까 생각해봤어요.

이재갑 동감입니다. 독일은 공공병원이든 민간병원이든 정부의 시설 지원을 통해 중환자실 숫자를 일정 수준 이상으로 유지해요. 사실 우리나라에서도 이런 모델이 충분히 가능합니다. 예를 들어, 메르스 이후로 정부가 지원해서 국가지정격리병상을 만들었어요. 그런데 그 절반 이상이 사립대 병원에 설치되었습니다. 충분하지는 않지만 운영비도 주고요.

만약 정부가 독일처럼 공공병원이든 민간병원이든 구분하지 않고 중앙정부나 지방자치단체에서 시설 투자를 하고서, 필요하면 시설을 유지할 수 있는 운영비까지 지원한다면 어떨까요? 그러다 바이러스 유행 같은 비상상황에서 그런 시설을 중앙정부나 지방자치단체가 긴급히 동원한다면, 또 의료의 공공성을 요구한다면 안 따를 병원이 있겠어요?

강양구 중환자실 병상을 운영하는 의료 수가체계의 정비가 필요하다는 목소리도 있습니다. 병원이 중환자실 병상과 중환자실 인력을 유지할 수 있는 수가체계를 만들어준다면, 그냥 중환자실의 중요성을 강조하는 것보다 훨씬 더 나은 결과를 기대할 수 있다는 것이죠. 저로서는 납득이 가는 주장이었습니다.

이재갑 우리가 2015년 메르스 유행을 겪고 나서 음압격리병실을 확충해야 한다고 난리를 친 적이 있습니다. 그때 반발이 심했어요. 왜냐하면 병원 입장에서 음압격리병실을 확충하고 유지할 만한 재정 지원이 턱없이 부족했거든요. 만약 정부가 음압격리병실 시설비를 지원하고 더 나아가 유지 비용까지 어떤 식으로든 지원했더라면 결과는 나았겠죠. 그리고 거기에 걸맞은 수가를 지급했으면 민간병원의 음압격리병실 설치는 훨씬 더 쉽게 진행되었을 거고요. 지금 같은 코로나19 상황에서 잘 사용했을 거예요.

강양구 결국 공공병원이든 민간병원이든 의료의 공공성을 높일 수 있는 체계가 마련되지 않으면 지속 가능할 수 없죠.

이재갑 지금 공공병원을 늘리는 방안 가운데 하나가 지역에서 폐업하는 민간병원을 정부가 인수하자는 것입니다. 그런데 그렇게 폐업하는 병원을 인수해서 공공병원의 숫자를 늘리더라도 방금까지 언급한 인력을 비롯해 여러 조건이 구비되지 않으면, 또 공공병원의 하향 평준화만 부추기고 결국 시민이 공공병원을 외면하는 결과를 낳을 수밖에 없어요. 걱정입니다.

감염병 전문병원 설립, 어떻게 바라봐야 할까?

강양구 감염병 전문병원 이야기도 있습니다. 권역별로 감염병 전문병원을 만든다고 하고, 운영 주체도 정해지고 있습니다. 그런데 이런 뉴스를 보면서 또 걱정이 들더군요. 바이러스 유행은 언젠가는 끝날 게 아니에요? 그러면 평상시에는 그 감염병 전문병원을 어떻게 유지할까요? 이런 고민도 해야 할 상황 같아요.

제가 최근에 접한 사례는 스웨덴 이야기입니다. 스웨덴 스톡홀름에 카롤린스카 병원이 있습니다. 유서 깊은 병원이죠. 이 병원에도 감염병 전담 병동이 한 동 있습니다. 그런데 지금과 같은 국면이 아니라면 감염병 전담 병동은 비어 있게 되죠. 그래서 카롤린스카 병원에서는 그곳을 감염병이 발생했을 때 시뮬레이션 훈련을 하는 용도로 사용한다고 해요. 다양한 형태의 감염병이 유행했을 때 어떻게 대응할지를 놓고서 다른 병원의 감염병 전담 의료 인력이 그곳에서 예행연습을 하는 거죠. 앞에서도 언급했지만, 우리나라의 정치인이나 행정가는 시설을 짓는 데만 신경 쓰지, 그 안에 어떻게 인적·물적 소프트웨어를 채워 넣어야 하는지는 신경을 안 씁니다.

이재갑 위기 상황만 염두에 두고서 병원을 만들면, 평상시에 어떻게 운영할지가 곧바로 문제가 됩니다. 기존에 감염병 전문병원 운영이 잘 안 됐던 가장 큰 이유가 돈은 굉장히 많이 투자하는데, 맨날 감염병만 봐서는 안 돌아간다는 거였어요. 그래서 궁여지책으로 기존의 지역 종합병원의 부설 병원으로 감염병 전문병원을 짓겠다는 것이었죠.

위기 상황이 매일 발생하는 것은 아니잖아요? 그러니 평상시의 의료 체계 안에서 가장 효율적으로 대비하는 방법으로 갈 수밖에 없다고 생각해요. 지난 수십 년간 유지해온 의료 체계를 한꺼번에 바꾸기는 힘드니까요. 여러 보완을 통해 기존 의료 체계와 조화를 이루도록 하는 게 중요합니다.

다만 그것이 불가능한 영역은 당연히 새로운 시설, 예를 들어 공공병원을 지어서 해결해야겠죠. 그 공공병원은 당연히 지속 가능한 인적·물적 투자가 뒤따라야 하고요. 더 나아가서 정부의 투자를 받아 민간병원의 공공성을 강화할 수 있다면, 그것도 고민해봐야 할 대목이라고 생각합니다.

강양구 네, 그렇습니다. 이 부분을 놓고서는 저와 교수님 생각이 거의 일치하는데요. 한국 의료의 공공성을 어떻게 강화할지 하나의 발제로 읽어주시면 좋겠습니다.

이재갑 맞습니다.

강양구 코로나 [illegible] 요양시설 [illegible] 의 고
통을 드러냈죠. [illegible]
미부는 문제도 많습니다. [illegible]
의 숙식을 해결하고 가정을 [illegible]
된 곳이라면 [illegible]
당연히 바이러스 [illegible] 것이죠.

코로나 사태로 [illegible]
더 보였던 유럽도 [illegible] 처음에 [illegible]
병이나 요양원에서 [illegible]
견되는 일이 있었어요. 고령자에게 [illegible]
사회가 또 얼마나 [illegible] 수 있는지 [illegible]
이었습니다.

이재갑 맞습니다. 스페인에서는 [illegible] 요양시설 [illegible] 노인들
을 방치하고 도주하는 바람에 [illegible] 곳곳에서 [illegible]
발견된 일들이 있었죠.

강양구 뉴욕 [illegible]
98명이 코로나로 사망했다는 [illegible]
는 15명 숨졌다 [illegible]

5 코로나19 바이러스의 전파는 어떻게 될까?

코로나19 바이러스도 기본적으로 감기 바이러스를 포함한 다른 코로나바이러스와 비슷한 전파 경로를 가진다.

① 코로나19 바이러스 감염 환자가 기침하거나 말을 할 때, 5마이크로미터 이상 크기의 물방울(비말)이 나온다. 통상적으로 1~2미터를 날아가는 이 바이러스에 오염된 물방울이 주변 사람의 눈, 코, 입의 점막에 닿으면 바이러스에 감염될 가능성이 있다. 이때 둘 혹은 둘 가운데 한 명이 마스크를 끼면 이런 비말 감염을 차단한다.

② 감염 환자가 기침할 때 손으로 입을 가리면, 그 손이 바이러스에 오염될 수 있다. 이렇게 바이러스에 오염된 손으로 다른 사람과 악수를 하면 바이러스가 옮겨간다. 만약 그 사람이 바이러스에 오염된 씻지 않은 손으로 자신의 눈, 코, 입을 만지면 바이러스에 감염될 가능성이 있다.

③ 감염 환자가 말을 하거나 기침, 재채기를 할 때 흩뿌려진 오염된 물방울이 책상과 같은 일상생활의 다양한 매개물fomite을 감염시킬 수 있다. 바이러스에 오염된 손으로 만진 문고리, 엘리베이터 버튼, 휴대전화, 마이크 등도 마찬가지다. 그렇게 바이러스에 오염된 매개물을 만진

사람이 손으로 자신의 눈, 코, 입을 만지면 바이러스에 감염될 가능성이 있다.

앞에서 언급한 바이러스 전파 가능성을 차단하는 가장 좋은 방법은 손 씻기와 마스크 착용이다. 실제로 손 씻기와 마스크 착용만으로 코로나19를 예방한 다양한 사례가 있다.

4장

역학조사관

숫자도 시스템도 모두 부족하다

강양구 자, 이제 감염병이 유행할 때마다 빠지지 않고 나오는 역학조사관 이야기를 해야겠네요. 일단 역학조사관의 절대적인 숫자 자체가 적습니다. 더 결정적인 문제는 역학조사관으로서 의지를 갖고 경력을 시작한 인력이 계속해서 남아 있을 가능성이 적다는 것이죠. 교수님이 현장에서 지켜보기에 어떻습니까?

이재갑 구조상 문제부터 짚겠습니다. 지금 역학조사관은 '가급', '나급', '다급'으로 분류해서 채용합니다. 가급은 대부분 의사 출신이거나 혹은 의사 수준의 보건학 박사 등이 지원할 수 있습니다. 그런데 의사가 보기에 가급 역학조사관은 현실적으로 매력적이지 못합니다.

강양구 두 가지 문제가 있죠. 신분도 불안정하고, 연봉도 적습니다.

이재갑 맞아요. 사실 연봉은 많이 올라갔어요. 가급 역학조사관의 경우 1억 원 넘게 책정을 했으니까요. 그런데 이런 연봉은 사실 미래를 희생한 것입니다. 가급 역학조사관은 전문 임기제를 따르는 정규직입니다. 연봉이 다른 공무원에 비해 높고, 고용 안정성도 보장되지만 행정 관료 내 승진 체계에는 들어가지 못해요.

강양구 그러니까 가급 역학조사관의 경우 의사 자격증 소지자가 2~3년 일할 만한 직장이 될 수는 있지만, 전망을 가지고 평생 일할 직장은 아니군요. 20~30년이 지나도 역학조사관일 테니까요.

이재갑 네, 경력을 쌓는 자리 정도겠죠.

강양구 어떤 비전, 예컨대 어느 시점에 이르면 질병관리청장이 될 수도 있고 보건복지부 관료가 될 수도 있다는 비전을 갖는 일이 아예 불가능하군요. 그러니 사실상 역학조사관 자리에 안주할 이유가 없고요.

이재갑 맞아요. 역학조사관 자체가 이제는 경력으로 인정도 해주고, 관료 사회를 접할 수 있는 중요한 경험이 되기는 했어요. 그래서 2~3년 역학조사관을 하다가 다시 대학으로 돌아가기도 하고, 공무원 사회가 잘 맞으면 아예 역학조사관 경력을 바탕으로 보건복지부나 질병관리본부 특채로 들어갑니다.

강양구 외국의 상황은 어떤가요?

이재갑 미국을 보면, 질병통제예방센터CDC 국장급이나 과장급은 대부분 다 역학조사관EIS 출신입니다. EIS 양성 프로그램을 거치지 않으면 관련 업무를 못 맡는다고 생각할 정도입니다. 지방정부의 감염병 관리 부서 내 핵심 인력도 대부분 그 출신이죠. 나쁘게 말하면 카르텔이고, 좋게 말하면 권위가 있는 교육 과정입니다. 한국과는 상황이 다르죠.

계속 가급 역학조사관에만 초점을 맞추고 있으니, 나급과 다급 이야기도 해볼게요. 사실 나급, 다급 역학조사관 자리에는 보건학 전공자들이 주로 지원합니다. 보건학 전공자가 갈 수 있는 곳이 많이 없는데, 그나마 나급, 다급 역학조사관이 상당히 좋은 직장에 해당하니까요. 그래서 역학조사관 처우가 나쁘다고 말하면, 비교적 만족하면서 일하는 이분들은 기분이 나쁘죠.

강양구 저는 역학조사관도 가급, 나급, 다급으로 나누지 말고

차라리 아예 다른 명칭이 어떨까 싶어요. 이를테면 '역학조사요원'이랄까요? 그리고 나급이나 다급 역학조사관은 아예 특정직 공무원으로 분류할 수도 있겠고요. 그래서 역학조사관이 특정직 공무원으로 업무를 수행하면서, 경력과 함께 승진도 되도록 만들어야죠.

이재갑 그렇게 되어야 합니다. 아예 나급, 다급 역학조사관을 질병관리본부 연구사(사무관) 등과 통합해서 채용하고 진급도 가능하게 한다면 자신의 전문성을 살리면서 평생직장으로 일할 각오가 된 역학조사관이 여럿 나올 수도 있습니다. 그러면 정말로 역학조사관 출신의 질병관리청장이나 보건복지부 장관도 나올 수 있겠죠.

강양구 역학조사관의 상당수가 공중보건의인 것도 문제로 지적됩니다.

이재갑 계속해서 줄고는 있어요. 다만 전문의 출신이 아니라, 인턴 출신이나 의과대학을 졸업하자마자 오는 분을 뽑고 있습니다. 의학 용어를 이해하는 능력이야 뛰어날지 모르겠지만, 임상을 제대로 해본 적이 없는 분들이 오시니까 한계가 있거든요. 이 대목에서 다시 역학조사관의 처우 문제로 돌아옵니다.

10년 혹은 15년 정도의 경력을 쌓아서, 상황만 보면 곧바로 어떻게 대응해야 하는지 알 정도의 베테랑 역학조사관은 우리나라에서 정말로 손에 꼽습니다. 질병관리본부 안에서도 다섯 분이 채 안 돼요. 게다가 그들도 질병관리본부에서 오래 일하다 보니까 역학조사 업무를 잘 알게 된 사례고요.

지금 뽑아서 경력을 쌓기 시작한 분들이 그 정도의 베테랑이 되게끔 해야 합니다. 그러려면 결국은 경력이 올라갈수록 처우가 나아지고, 나아가 그에 상응하는 직업적 자긍심도 갖도록 해야 하거든요. 나중에는 겸직도 허용해서 대학교수이면서 역학조사관인 사람도 있게 해야 하고요. 이런 현실적인 조치가 없는 한 실력 있는 역학조사관은 나오지 못할 거예요.

강양구 그러고 보면, 역학조사가 꼭 감염병과 관련된 것만 있는 게 아니에요. 예를 들어, 산업 재해가 있습니다. 공장에서 집단 산재가 생겼을 때 원인이 무엇인지 추적하는 것도 사실 역학조사관의 중요한 업무거든요. 외국에서는 역학조사관이 가장 먼저 현장에 가서 들여다보고, 바이러스나 세균이 원인인지 아니면 화학 물질이 원인인지 알아봐요.

이재갑 많은 시민이 피해를 본 가습기 살균제의 고리를 찾아낸 일도 사실 역학조사입니다. 또 핵발전소 주변 지역의 암 환자가 갑자기 늘어났다면 그 이유를 찾는 일도 역학조사고요. 이런 식으로 역학조사가 필요한 곳이 한둘이 아닌데 우리는 너무 부족합니다. 앞에서 언급했듯이, 그나마 경력을 계속 쌓아가면서 자신의 업으로 삼을 만한 직장도 몇 군데 없고요.

최전선의 인력 부족 문제, 해결 방법은 없을까?

강양구 계속해서 이야기를 나누다 보니, 결국 방역을 둘러싼 문제도 업의 문제, 삶의 문제라는 생각이 듭니다. 감염내과 의사는 형편이 어떻습니까?

이재갑 2015년 메르스 유행이 끝나고 나서 최소한 대학병원은 감염내과 의사 없이는 운영이 안 된다는 사실을 깨달았습니다. 그래서 지금은 사람이 없어서 못 뽑아요. 지금 전국에 의과대학병원만 100개가 넘어요. 의과대학이 40개인데, 거기에 2~3개씩 대학병원이 있으니까요. 그런데 전국에 감염내과 의사가 275명입니다. 1명씩만 들어가도 100명이죠? 삼성서울병원, 서울아산병원, 서울성모병원, 고대안암병원 등은 감염내과 의사만 6~8명이 됩니다. 제가 일하는 한림대학교 의과대학은 감염내과 교수만 12명이에요. 이렇게 전국의 대학병원이 2명씩만 데려가도 감염내과 의사가 부족한 상황이 됩니다. 그러면 종합병원이나 준종합병원은 감염내과 의사를 뽑고 싶어도 못 뽑아요. 감염병 전문병원을 만들면 감염내과 의사 수요가 더욱 더 늘겠죠.

강양구 그러면 감염병 전문병원을 만들고도 인력이 없을 수 있겠네요.

이재갑 그렇습니다. 결국 인력 가뭄 현상이 일어날 거예요. 계속해서 수요는 늘고 있고, 이번에도 코로나19 유행이 끝나면 더 늘어날 테니까요. 하지만 그렇다고 해서 감염내과 의사 숫자가 폭발적으로 늘어날 가능성은 없습니다. 선배 감염내과 의사들이 고생하는 모습을 보면, 후배들이 굳이 이 진로를 선택할 이유가 없죠.

강양구 인기가 그렇게 없어요?

이재갑 없습니다. 요새는 감염내과 간다고 하면, 우스갯소리로 이런 말을 한대요. 너희 집 부자냐고요. 사실 보상이 큰 것도 아니고, 개업도 못 하죠.

강양구 안타깝네요. 어떤 방법이 있을까요?

이재갑 뾰족한 방법이 없어요. 그나마 국립공공보건의료대학이 해법이라는 생각도 해봅니다. 장학금을 주는 정원이 40명이라면 10명은 감염내과 전문의, 10명은 예방의학과 전문의 등등. 이런 식으로 하면 매년 10명씩은 감염내과 의사가 충원되고, (의무 복무 기간은 정하기 나름이긴 합니다만) 전문의가 되고 나서도 싫어도 10년은 감염내과에서 일해야 하니까요.

강양구 그런 강제력에 실효성이 없으리라는 회의적인 의견도 있어요. 일본도 의료 인력이 부족한 지방자치단체에서 학비를 주면서 의사를 육성해서 지역 의무 복무 기간을 두는 실험을 했었죠. 그런데 미달일 때가 많다고 합니다. 또 절반 정도는 지역 의무 복무 기간이 끝나면 기다렸다는 듯이 대도시로 떠나고요. 강제만 해서는 안 되는 어떤 장벽이 분명히 존재하는 거죠.

이재갑 제 생각에도 어떻게 해결해야 할지 답은 없습니다. 정부 차원에서 감염내과 같은 분야에 지원을 해줘서 월급을 늘려주면 찾는 사람이 늘어날지. 아니면 앞에서 언급한 대로 장학금을 줘서 특정 분야 전문가로 육성한 다음에 그 대가로 일하게 하는 게 맞는 건지. 아무튼 뭐라도 해야 할 상황입니다.

강양구 인력을 확충해야 하니까요.

이재갑 예전에 김우주 교수께서 감염내과를 전공하려고 하는 의사를 보조할 수 있는 금액을 30억 원 정도 책정해달라고 정부에 요구한 적이 있습니다. 감염내과 수련 기간에 비용을 지원해주고, 일부는 외국 연수도 보내주면서 교육하자고요. 질병관리본부에서는 해보자고 했는데, 기획재정부에서 예산을 깎아버렸어요. 왜 민간 의료 인력을 키우는 일에 정부가 나서느냐는 거였죠.

김우주 교수께서 아직도 그때 일을 이야기하세요. 정부는 그런 곳이니 너무 큰 기대하지 말라고요. 제가 코로나19 초반에 여러 방송에 나가서 인터뷰하고 그랬잖아요? 상황이 잘 안 돌아가니까, 안절부절못하는 게 보였나 봐요. 전화로 이렇게 당부하셨습니다. 할 수 있는 것만 하라고, 안 되는 건 어쩔 수 없다고요.

강양구 공공의료체계를 놓고 이야기하면 언제나 이렇게 우울하게 끝나네요.

이재갑 제가 항상 해온 이야기가 있습니다. 5년, 10년, 20년 이렇게 장기 계획을 세우고 그에 맞춰서 예산과 인력 등을 계획하자는 거였는데요. 10년 전부터 이런 이야기를 해왔어요. 그런데 아무도 안 듣고, 아무것도 달라진 게 없죠. 감염병 전략위원회 같은 곳을 만들어서 논의하자고 수차례 이야기했지만 듣는 사람도 없었고요. 그러니까 장기 계획을 세워서 정책을 뚝심 있게 끌고 가야 합니다. 2015년 메르스, 2020년 코로나19. 앞으로 또 어떤 신종 감염병이 우리를 공격할지 몰라요. 그때그때 땜질하는 식으로는 제대로 된 공공의료체계도 절대 만들어질 수 없고, 당연히 감염병 유행에도 대응할 수 없지요.

6 코로나19 바이러스의 공기 전파 가능성은 있는가?

현재 공기 감염이 확인된 감염병은 홍역, 결핵, 두창, 수두 등 네 가지다. 현재로서는 코로나19가 공기 전파가 가능하다는 확실한 증거는 없다. 환자 1명이 2~4명에게 바이러스를 옮기는 코로나19의 전파력을 염두에 둘 때, 환자 1명이 15~18명에게 바이러스를 옮기는 홍역 같은 공기 전파가 일어날 가능성은 극히 낮다.

다만, 코로나19 바이러스에 오염된 에어로졸aerosol이 아주 특수한 실내 환경에서는 공기를 통해 타인을 감염시킬 가능성도 있다. 병원 중환자실 같은 곳에서 기관 삽관을 할 때 바이러스에 감염된 에어로졸이 형성되어 실내 공기를 오염시킬 수 있다. 의료진의 경우 필터가 촘촘하고, 안면과 마스크 사이에 틈이 적은 N95 의료용 마스크를 착용해야 하는 것도 이 때문이다.

흔히 '3밀(밀폐, 밀접, 밀집)'이라고 불리는, '밀폐'된 실내 공간에서 사람들이 '밀집'해 있어 '밀접' 접촉이 불가피한 상황도 문제다. 해당 공간에 바이러스를 배출하는 환자가 여럿 있다면 실내 공기 속에 바이러스에 오염된 에어로졸이 일시적으로 떠다닐 수 있다. 이 경우에는 제한적인 공기 전파가 이루어질 수도 있다.

하지만 이런 특수한 상황에서 공기를 통한 전파 가능성이 있다고 하더라도, 코로나19 유행을 이끄는 주된 전파 경로는 공기가 아니라 바이러스에 오염된 침방울이다.

지난 6개월간 손 씻기와 마스크 착용으로 코로나19 바이러스 전파를 막았던 방역이 효과가 있었다는 사실이 그 방증이다.

3부

바이러스와 사회

5장
숨겨진 그늘

신천지

강양구 권준욱 국립보건연구원 원장이 이런 말을 했습니다. "코로나19가 종식되더라도 우리는 과거로 돌아갈 수 없다." 설사 코로나19가 종식되더라도 신종 바이러스의 위협이 끝나지 않을 것이라는 전망에서 나온 당부입니다. 바이러스 시대에 살아가야 하는 '뉴 노멀New Normal'에 대한 고민이 '코로나 시대' 혹은 '포스트 코로나 시대'를 언급하면서 나오고 있고요.

그러고 보니, 한 가지 장면이 떠올라요. 3월에 코로나19 유행이 한창일 때, 교수님과 제가 한 방송국에서 만나서 생방송 시작 전에 이야기를 나누었죠. 구로구 콜센터 집단감염이 발생한 다음 날로 기억합니다. 교수님께서 문득 이렇게 말씀하셨어요. "바이러스가 너무 영리해요." 그래서 저는 이렇게 답했죠. "우리 사회의 약한 고리가 어디인지 정확히 알고 공격하죠?"

한국 사회뿐만 아니라, 전 세계가 마찬가지입니다. 바이러스가 휩쓸고 지나간 나라의 상황을 보면 그 사회가 안고 있었지만 주의 깊게 눈여겨보지 않았던, 혹은 알면서도 애써 무시하고 외면했던 약한 고리를 아주 적나라하게 드러냈습니다. 미국의 고질적인 인종 차별이 대표적인 예입니다. 소득이 낮은 흑인은 코로나19에 감염도 잘 되고, 사망률도 높습니다.

우리나라도 마찬가지입니다. 김재용 연세대학교 원주 의과대학 교수가 국내 코로나19 환자의 사망에 영향을 미치는 역학적 요소를 분석해서 공개했어요. 코로나19 환자 9,148명의 국민건강보험공단 빅 데이터를 활용했는데요. 코로나19 감염자 가운데 소득이 적은 의료 급여 수급자가 사망할 위험은 국민건강보험료 상위 20퍼센트 직장 가입자보다 2.8배나 컸어요.

가만히 생각해보면, 그 이유를 알 수 있죠. 소득이 적을수록 코로나19 사망에 영향을 끼칠 만한 만성 질환을 앓는 확률이 높을 테니까요. 상위 소득자와 비교해서 건강 상태가 더 나쁘니 바이러스에 감염되었을 때 사망할 위험도 높아지는 겁니다. 이뿐만이 아닙니다. 이렇게 소득이 낮은 분들은 감염 위험도 큽니다. 김종헌 성균관대학교 의과대학 교수의 지적입니다.

"대구 지역 확진자 3,671명의 건강보험공단 데이터를 바탕으로 소득과 코로나19에 걸릴 확률을 분석한 국내 연구 결과를 보니, 직장 가입자와 지역 가입자 가릴 것 없이 소득이 높아 보험료를 많이 낼수록 코로나19에 걸릴 확률이 낮아졌다. 고소득자는 일반적으로 한 사람이 차지하는 근무 공간 자체가 넓고 쾌적하기 때문에 물리적 거리 두기를 잘 유지할 수 있고, 코로나19에 감염될 위험도가 낮아질 수밖에 없다.

감염병은 결코 평등하지 않다. 지금 환자가 터져 나오고 있는 곳만 봐도 물류센터, 콜센터, 노인 복지시설 등 1인당 차지하는 공간이 작은 곳이나 저소득층이 있는 곳이다. 실내 공기를 빨아들이고 신선한 공기를 주입해주는 공조 시스템이 없는 곳은 코로나19 감염 위험이 높을 수밖에 없다. 저는 코로나19가 우리 사회에 해결해야 하는 난제를 던진 것이라고 생각한다." (〈경향신문〉 2020년 6월 29일 자)

김종헌 교수의 지적처럼 바이러스가 우리에게 던진 중요한 문제 제기를 성찰할 때 우리가 사는 세상이 좀 더 나아질 수 있을 뿐만 아니라, 더불어 바이러스에 대항할 힘도 길러서 안전해질 수 있으리라 생각합니다. 그래서 이번에는 한국 사회의 약한 고리를 하나씩 짚어보면서 '코로나 시대' 혹은 '포스트 코로나 시대'를 디자인해보았으면 좋겠습니다.

우리나라에서 가장 먼저 대량 감염 사태가 발생한 곳이 두 곳이었죠? 하나는 신천지 대구교회고, 다른 하나는 청도대남병원입니다. 신천지 대구교회를 매개로 대구-경북의 대유행 사태가 시작되었죠. 하지만 이후에도 수도권을 비롯한 전국 곳곳의 교회, 사찰 등 종교 시설에서 크고 작은 집단감염이 끊이지 않았습니다.

이재갑 저는 개신교 신자입니다. 하지만 지금은 감염학자로서 이야기할게요. 신천지 교회는 사실상 바이러스를 전파하기에 좋은 조건은 모두 갖추었다고 할 수 있습니다.

강양구 앞에서 언급했다시피, 신천지 교회 아닌 다른 종교 시설에서도 집단감염 사례는 계속 나왔습니다. 특별히 신천지 대구교회의 집단감염이 대유행으로 이어진 이유가 있을까요?

이재갑 아이러니한 이야기일 수 있는데, 지금 신천지 교회 신자의 모임 형태를 보면 1980~90년대에 개신교 교회에서 취했던 방식입니다. 최근 한국 교회는 근본주의가 약해지면서 종교에 대한 몰입도가 전반적으로 떨어지는 상황입니다. 특히 개신교가 많이 느슨해졌죠. 일주일에 한 번 정도 예배를 드리는 게 신앙 생활의 전부인 신자들이 많습니다.

예전에는 교회에 열심히 다닌다고 하면, 예배나 기도는 당연하고 성경 공부나 봉사활동도 열심히 했거든요. 저만 해도 1980년대 운동권 세대는 아니지만, 믿음과 사회적 책임을 모두 강조하는 분위기에서 교회에 다녔습니다. 그런데 시간이 지날수록 특히 개신교 대형 교회는 이런 분위기가 바뀌었어요. 대형 교회에 중산층 이상의 사람이 모여든 탓도 컸겠죠.

봉사활동은 물론이고 함께 모여서 성경 공부하는 시간도 사라졌어요. 새벽 기도 참석자도 줄고 있고, 주중에 여러 차례 있었던 예배 모임의 빈도도 줄었습니다. 그렇다 보니까 대규모 집단감염으로 이어질 가능성이 적어진 거예요. 반면에 신천지 교회는 여전히 이런 방식으로 운영됩니다. 당연히 신자 사이의 접촉이 많고, 그 결과 대규모 집단감염이 발생한 겁니다.

강양구 그러고 보니, 수도권 등에서 집단감염이 일어난 곳은 오히려 소규모 개척 교회인 경우가 많았습니다.

이재갑 개척 교회는 방역에 동원할 자원도 부족하고 또 대형 교회와 비교했을 때 열성적인 교인이 많아서 접촉 빈도는 높아요. 더구나 지역사회에서 의지할 곳 없는 고령자가 마지막으로 기대는 공간이기도 하거든요. 고령자를 위한 사회적 안전망 역할을 지역사회의 교회가 하는 거죠. 그곳에서 집단감염이 생기면 고령 환자가 나올 가능성이 크고요.

강양구 그런 점에서 신천지 교회를 통한 대구-경북 지역의 대량 감염은 또 다른 특징이 있었어요. 확진 환자 통계를 살피면, 다른 나라에서는 확인하기 힘든 패턴이 보입니다. 20대, 그 가운데에서도 여성의 비율이 높습니다. 신천지 교회에서 20대 여성 교인의 비중이 높아 나타난 일이죠.

지역사회의 개척 교회와는 달리, 신천지 교회는 한국 사회의 20대를 공략하고 있습니다. 20대는 삶이 팍팍하고 힘든 데다, 특별한 네트워크가 없어서 기댈 곳도 없잖아요. 그런 20대가 긴밀한 네트워크에 기반을 둔 위로를 제공하는 신천지 교회에 끌리는 것이지요. 신천지 교회의 공격적인 포교 활동의 성공도 결국 한국 사회의 그늘을 반영한 결과예요.

이재갑 1970~80년대에는 교회가 그런 역할을 담당했어요. 힘든 사람이 교회에 오면 위로를 받았죠. 경제적으로 어려운 부분도 교인의 부조를 통해 도움을 얻었고요. 그때 그 힘들었던 세대를 품는 역할을 했던 교회가 지금의 대형 교회로 우뚝 서게 되었어요. 그 대형 교회가 제대로 역할을 하지 못하면서 그 틈을 신천지 교회가 파고든 것입니다.

강양구 아까도 잠깐 언급하셨지만, 대형 교회는 중산층 이상의 네트워크 관리 공간으로 변했죠.

이재갑 소외된 사람에 대한 배려도 잊어버렸고요. 반면에 신천지 교회는 포교 상대를 정하면, 그 사람이 지금 필요로 하는 게 무엇인지 정확하게 파악합니다. 외로운 사람이라면 친구가 되어 주고, 운동을 좋아하는 사람이라면 함께 땀 흘려 운동하고, 경제적으로 어려운 사람이라면 일시적으로 도움을 주기도 합니다.

신천지 교회는 초기에 기존의 개신교 신자를 상대로 전도했어요. 물론 신천지 교회가 나쁘다는 이야기를 들어왔던 개신교 신자는 처음에 경계하죠. 그런데 막상 시간이 지나고 친밀해지면, 애초 다니던 교회보다 좋은 점이 많아요. 지금까지 잘해준 게 고맙기도 하고요. 그러다 보면, 결국 신천지 교인이 되는 거예요.

기존 교단에서 신천지 교회를 경계하니까, 최근에는 교회에 안 다니는 젊은 층으로 타깃을 바꿨습니다. 요즘 20~30대 젊은이 가운데는 교회와 관련한 경험이 전혀 없는 사람이 많아요. 우리 세대만 하더라도 어릴 때 친구 손 잡고 다들 한 번쯤은 교회 문턱을 넘었잖아요. 하지만 지금은 그런 경험이 없는 젊은 세대가 많습니다.

신천지 교회는 바로 그런 세대를 공략합니다. 아까 기자님께서 언급했듯이, 여러모로 힘든 젊은 세대는 그런 신천지 교회에 쉽게 넘어가고요. 그러니 전국에서 30만 명이 넘는 신도 숫자를 확보할 수 있었죠. 신도를 관리하기 위해서 예배 외에도 온갖 모임을 통해 이중삼중으로 관리하니, 당연히 그 과정에서 집단감염의 위험이 클 수밖에 없고요.

정신병원, 요양시설

강양구 청도대남병원 이야기도 해볼까요? 신천지와 함께 초기에 집단감염이 발생했던 곳입니다. 이곳은 정신장애인을 장기간 수용하던 병원인데요. 청도대남병원에 이어서 장애인이나 노인을 대상으로 하는 여러 요양시설에서 연달아 집단감염이 발생했습니다. 방금 거론한 곳들은 우리 사회에서 굉장히 취약한 고리 가운데 하나입니다.

사실 이런 곳은 명백히 존재하는데도 사람들이 애써 관심을 두려 하지 않아서 마치 없는 공간처럼 여겨졌던 곳입니다. 오랫동안 기자로 일해왔던 저도 청도대남병원의 끔찍한 정황을 확인하니 참담하고 놀랐어요. 교수님도 현장에 직접 가시고 나서, 많이 놀라셨죠?

이재갑 네, 참으로 황망하더라고요. 청도대남병원 정신병동은 침대가 있는 일반 내과계 병동이라면 많아야 40명 정도 수용할 수 있는 넓이였거든요? 그런데 그곳에 104명이 입원해 있었으니……. 게다가 환자 대부분이 10년 이상 그곳에서 그렇게 지내오신 분들이었고요. 장기간 입원으로 환자들의 건강 상태도 최악이었죠.

강양구 코로나19 국내 첫 번째 사망자가 발생한 곳도 이곳이었어요. 2월 19일에 사망하고 나서, 이후 검사로 양성 판정을 받았습니다. 63세의 정신장애인이셨는데, 20년 넘게 이 병원에 계셨어요. 사망 당시 몸무게가 42킬로그램에 불과했고요. 이곳에 오랫동안 수용되었던 분들이 어떤 상황에 놓여 있었는지 적나라하게 보여준 대목이었죠.

이재갑 우리나라 속담 중에 긴 병에 효자 없다는 말도 있잖아요. 병이 길어지면 아무래도 가족이 손쓸 수 있는 상황은 넘어버린 경우가 많습니다. 청도대남병원은 대부분 조현병 환자들이었는데, 더더욱 가족들이 곁에서 해줄 수 있는 게 많지 않았을 거고요. 나중에 한림대 강남성심병원으로 두 분이 전원되었어요. 그 가운데 한 분이 사망하셨습니다.

보호자가 오시긴 오셨는데……. 그러니까 환자분은 한동안 모든 가족의 짐이었던 거예요. 그러니 특별히 신경 쓰지 않아도 되는 곳에 20년 넘게 계셨던 겁니다. 다른 입원 환자의 사정도 비슷할 거예요. 그렇게 보호자가 신경을 쓰지 않으니 청도대남병원의 상황은 더욱더 안 좋아질 수밖에 없었죠.

입원 환자 104명 중에서 102명이 확진 판정을 받았습니다. 한 층 전체가 병동이었는데, 말씀드렸다시피 그 안에 수용 수준을 넘는 인원이 모여 있었어요. 한 방에 거의 10개 정도의 매트리스가 깔려 있었고요. 이름이 적힌 매트리스를 보고 또 착잡했던 게, 그 환자 가운데 이름 보고 자기 자리 찾아갈 분이 얼마나 계셨겠어요?

그분들은 아침에 일어나서 식사 시간 되면 식사하시고, 약 드시고, 가끔 행동 치료한다고 그룹으로 모여서 노래 부르거나 그림 그리는 게 일과의 전부였을 텐데요. 폐쇄 병동 안이니까 바이러스가 어떻게 들어간 것인지는 모릅니다만, 바이러스 입장에서는 그 어떤 곳보다 증식하기 좋은 환경이었던 겁니다. 매일 한정된 사람들이 한정된 공간에서 함께 생활하니까요.

솔직히 말씀드리면, 의사로서 아주 많이 부끄러웠습니다. 이런 곳이 있으리라고는 생각도 못 했거든요.

강양구 아마 많은 분들이 깜짝 놀랐을 거예요.

이재갑 그분들의 평균 입원 기간이 10년이라는 것도 사실 말이 안 되는 거잖아요. 제가 그동안 너무도 몰랐던 세계를 본 것만 같은 느낌이 들어서, 마음도 아프고 또 무섭더군요.

강양구 청도대남병원은 정신장애인 수용 시설입니다만, 사실 장애인이나 고령자를 수용하는 시설은 정도의 차이가 있을 뿐 어디나 문제가 있겠죠. 요양병원이나 요양시설은 어디랄 것 없이, 바이러스에 취약한 곳이잖아요. 이런 곳들 가운데 가장 최악의 사례가 바로 청도대남병원으로 생각됩니다.

이재갑 맞습니다.

강양구 코로나19가 유행하면서 전 세계적으로 고령사회의 그늘도 드러났죠. 노인 요양시설에 수년에서 많게는 10년 이상 머무는 분들도 많습니다. 그곳에서는 노인들이 좁은 공간에 모여 숙식을 해결하고 자신들끼리 교류하는 게 일상입니다. 낙후된 곳이라면 청도대남병원의 정신병동과 다를 바가 별반 없죠. 당연히 바이러스가 똬리를 틀기에 좋은 환경이고요.

고령사회로 진입하고 나서, 겉으로는 관리를 잘하는 것처럼 보였던 유럽도 민낯이 드러났습니다. 직원이 철수한 요양시설이나 요양병원에서 돌봄을 받지 못한 노인의 사체 여럿이 발견되는 일이 있었어요. 고령사회에서 바이러스가 유행할 때, 그 사회가 또 얼마나 취약해질 수 있는지 적나라하게 보여준 대목이었습니다.

이재갑 맞습니다. 스페인에서는 노인 요양시설 직원들이 환자를 방치하고 도주하는 바람에, 지역 곳곳에서 시체가 무더기로 발견된 일들이 있었죠.

강양구 뉴욕 맨해튼에 있는 노인 요양시설에서도 한 곳에서 98명이 코로나로 사망했다는 뉴스가 나왔어요. 당국이 처음에는 13명 숨졌다고 했는데, 사실은 98명이었던 겁니다. 재차 말씀드리지만, 바이러스가 고령사회의 그늘진 곳을 찾아가면서 그 민낯을 극단적으로 보여준 게 아닌가 싶어요.

이재갑 그런 곳에서 일단 바이러스가 확산되면 막을 수 없다는 게 가장 큰 문제입니다. 청도대남병원도 마찬가지였어요. 더구나 그분들은 아파도 아프다고 말할 수 있는 분들이 아니잖아요. 요양병원에 계신 분들도 대부분 의식이 없거나 치매, 중풍 등으로 누워 계시는 분들이 태반이거든요.

강양구 평소에 지병이 있을 테니, 어떤 증상이 나타나더라도 의료진이 별다른 의심을 하지 않을 가능성도 크고요. 그 지병 때문에 코로나19 같은 감염병에 더 취약할 테고. (한숨)

이재갑 전에 한번 방송 중에 울컥했던 적이 있어요. 스페인 사례도 말씀드렸지만 우리나라는 적어도 의료진이 도망가는 일은 없었습니다. 도망가지 않을뿐더러, 곁에서 함께 끝까지 버티니까요.

강양구 이 대목에서 한 가지 질문을 드려볼게요. 우리가 고령사회에 접어들고, 또 복지 국가를 향하면서 노인 인구나 정신장애인을 수용하는 시설은 계속에서 늘어날 수밖에 없을 텐데요. 코로나19를 겪으면서 이런 곳이 감염병에 굉장히 취약하다는 점이 드러났습니다. 우리가 어떤 대책을 세울 수 있을까요?

이재갑 먼저 저는 코로나19가 유행하기 전부터 요양병원, 중소병원의 감염 관리를 개선하는 업무를 계속해왔습니다. 작년(2019년)에만 50군데 정도 요양병원을 방문했을 거예요.

강양구 일종의 컨설팅을 해주셨던 건가요?

이재갑 맞습니다. 정부에서 예산을 받아서 중소병원과 요양병원의 감염 관리를 개선하는 일을 컨설팅했어요. 서울시도 항생제 내성균, 그러니까 다제 내성균 관리 사업을 할 만한 여력이 안 되니까 요양병원을 중심으로 감염 관리를 돕는 일을 했고요. 요양병원의 감염 관리 문제가 생각보다 심각합니다.

강양구 말씀을 듣고 보니, 항생제 내성균 관리가 문제인 것 같네요.

이재갑 맞습니다. 요양원이 아니라 (의료진이 상주하는) 요양병원에 입원하는 고령 환자는 대개 대학병원이나 종합병원에 있다가 회복 시간이 오래 걸려서 옮겨온 경우가 많습니다. 대학병원이나 종합병원에서는 급성 치료를 받아야 하는 환자가 계속해서 들어오니까, 장기 입원 환자를 내보낼 수밖에 없으니 그런 환자가 요양병원으로 가는 거죠.

강양구 요즘 대학병원은 한 달 이상 입원을 시키지 않죠.

이재갑 사실 그게 맞죠. 병원은 급한 환자를 빨리 받아서 응급 치료해야 하는 곳이니까요. 장기 입원 환자로 병상이 없어서 당장 급한 환자를 못 받으면 의료 체계에 문제가 생기게 되고요. 그래서 재활 치료를 포함해서 3개월, 6개월, 1년 이렇게 있던 고령 환자를 전부 요양병원으로 넘긴 거죠.

그러다 이 환자들이 상태가 안 좋아지면 바로 대학병원으로 이송합니다. 상태가 좋아지면 또 요양병원으로 넘어가고요. 여기서 문제가 발생합니다. 대학병원의 항생제 내성균을 이 환자들이 요양병원으로 고스란히 가지고 들어오는 거예요. 요양병원은 상대적으로 감염 관리가 취약하니까, 그곳에서 똬리를 튼 항생제 내성균이 다시 대학병원으로 가고요.

강양구 어이쿠! 상대적으로 감염 관리에 취약한 요양병원에서 항생제 내성균이 증식하는 역할을 하는 거군요.

이재갑 그겁니다. 요양병원이나 중소병원의 감염 관리가 잘 되어야 대학병원의 중환자실이나 응급실 감염 관리도 개선될 수 있어요. 그런데 아직도 요양병원이나 중소병원은 감염 관리

전담 인력을 못 뽑고 있습니다. 병원에 감염 관리 담당자를 두지 않으면 내년(2021년)부터 법적 제재를 받아요. 이런 상황에서 이번에 바이러스 유행이 시작한 겁니다.

강양구 노인 요양시설은 정말 답이 없네요. 돌파구가 있을까요?

장밋빛 제2의 인생?: 고령사회의 민낯

이재갑 고령사회가 진행되면서 요양병원 같은 요양시설이 많이 필요하게 되었잖아요. 그런데 계획이 아니라 필요에 따라서 늘리다 보니까 문제가 생긴 거죠. 사람만 수용하면 된다는 안일함도 있었을 테고요. 예를 들어 감염 관리 문제가 대표적입니다. 앞에서 언급한 대로, 대학병원 중환자실을 거쳐서 온 환자는 감염 관리의 허점을 고스란히 요양병원으로 옮겨가요.

이런 문제를 극복하려면 요양병원도 대학병원 수준의 감염 관리를 받아야 합니다. 그러기 위해서는 사람이 필요하고, 그런 사람을 쓰려면 돈이 있어야죠. 그런데 요양병원은 여러 이유로 경영 상황도 좋지 않아요. 그러다 보니, 요양병원이 애물단지가 되어버렸어요.

그런데 지금 국내 요양병원이 약 1,400개예요. 전체 병원이

3,000개인데 그중 절반 가까운 숫자가 요양병원입니다. 전체 입원자 수가 30만 명 정도 되고요. 이런 상태를 그대로 방치하면 무슨 일이 생길까요? 바이러스가 유행할 때 우리나라에서도 무더기로 시신이 나온 스페인 요양시설 같은 일이 생길 수 있다는 거죠.

강양구 저도 사실 가장 걱정이 되는 게 요양원이나 요양병원 같은 노인 요양 보호시설입니다. 이곳이 뚫리면 희생자가 많이 나올 가능성이 크잖아요.

이재갑 그들도 전전긍긍하고 있겠죠. 환자가 발생하면 문을 닫을 수도 있거든요.

강양구 지금 어딘가에서 바이러스가 똬리를 틀고 증식하고 있을 수도 있잖아요.

이재갑 그래서 노인 요양 보호시설 전수조사 얘기가 나왔죠.

강양구 보니까 흐지부지되는 것 같던데요?

이재갑 숫자가 너무 많으니까 요양병원을 비롯한 노인 요양 보호시설이 반기지 않아요. 검체를 채취해야 하는데, 한 명이라도 나오면 큰일이잖아요. 해야 할 것 같기는 한데, 막상 문제가 생길까 봐 꺼려지는 거예요. 더구나 숫자가 한둘이 아니잖아요. 전체 숫자가 수십만 명인데, 한 번으로 끝나서도 안 되고 주기적으로 해야 합니다. 쉽지 않은 일이죠.

강양구 노인 요양병원 1,400개에 노인 요양원은 3,000개나 됩니다.

이재갑 엄청나네요. 요양병원은 그래도 의사나 간호사라도 있는데, 요양원은 보통 간호사 한 명 정도만 상주하고 일주일에 한 번 촉탁의가 와서 진료하는 수준으로 운영되거든요. 요양원의 숫자가 3,000개인지는 저도 이번에 알았네요. 우리나라가 고령사회가 되면서 이런 시설에 사람들이 넘쳐나는데, 감염 관리를 놓고 제대로 고민해본 시설은 아주 드물 거예요.

강양구 고령사회의 그늘이군요. 지금은 그저 우리 병원에서는 발생하지 않으면 좋겠다고 기도하는 상황이겠어요.

이재갑 엄중식 가천대학교 길병원 감염내과 교수님과 함께 중소병원 감염 관리 컨설팅을 해온 게 2012년부터입니다. 2015년 메르스 유행이 끝나고 나서부터 요양병원 감염 관리가 중요하다는 이야기가 나오기 시작했어요. 메르스 유행 때는 요양병원에서 발생한 적은 없지만, 그런 곳이 뚫리면 희생자가 많이 나올 게 불 보듯 뻔했으니까요.

강양구 코로나19의 유행으로 그런 예측이 현실이 되었죠.

이재갑 그렇죠. 그나마 메르스가 유행할 때는 중증의 폐렴 환자가 발생해서 요양병원으로 안 넘어갔으니 다행이었어요. 그때도 비슷한 일은 있었는데, 대학병원 환자가 구리의 중소병원으로 넘어가서 난리가 났었거든요. 더구나 그 병원은 상가 건물 안에 있어서 격리도 못 하는 상황이었고요.

강양구 맞아요. 요양병원, 요양원 같은 노인 요양 보호시설이 시내 한복판의 상가 건물 한두 층을 사용하는 경우가 많아요. 그런 경우에는 감염 관리가 더욱더 어렵겠죠.

이재갑 맞습니다. 그 중소병원도 5, 6, 7층에 있었는데, 8, 9층은 예식장이었어요. 그 밑에는 구리고용복지센터가 있었고요. 모두 사람들이 많이 드나드는 곳이잖아요. 그런 건물에 있는 병원에서 환자가 발생하면 일주일 동안 건물 문을 닫아야 하니까 예식장을 예약했던 사람이 결혼식을 못 올리고……. 아무튼 별의별 일이 많았어요.

결국 어떻게 했는지 아세요? 그 상가 건물 안에서 관리를 제대로 못 하니까 병원 환자를 모두 빼내서 격리시켰습니다. 다른 방법이 없었거든요. 수원의료원, 경기도의료원 포천병원, 파주 의료원으로 환자를 모두 옮겼었죠. 그렇게 2주간 격리하고 나서, 상황이 종료한 후에 다시 그 병원으로 데리고 갔습니다.

요양병원은 이럴 수밖에 없어요. 왜냐하면 확진 환자 한 명만 나와도 나머지 다른 환자가 심각한 상태가 될 수 있거든요. 자칫 잘못하면 청도대남병원처럼 사망자가 많이 나올 수도 있고요. 청도대남병원은 100명이 넘는 확진 환자가 나온 후 환자 분류를 다시 해서 중증 환자는 서울 지역 대학병원으로 보내고, 경증 환자는 국립정신건강센터로 보냈어요.

만약 코로나19 유행 기간에 어떤 지역 요양병원 두세 곳에서 문제가 터지면 그 지역 의료 체계는 완전히 붕괴될 거예요. 고령의 중증 환자를 포함한 확진 환자들이 쏟아질 텐데, 주변에 있는 병원에서 그들을 맡아줄 수가 없습니다. 도와줄 방도가 없으니 병원을 탓할 수도 없고요.

강양구 많은 사람이 고령사회를 이야기하면서 '제2의 인생' 같은 장밋빛으로 표현합니다. 그런데 사실 요양병원과 같은 노인 요양시설이 제대로 운영되어야 그곳에서 노년을 보내는 이들의 삶의 질이 올라가거든요. 바이러스가 유행한다고 해서 시신이 쌓이는 노인 요양시설이나 실버 타운이라면 얼마나 무섭습니까?

이번에 국내나 외국이나 그 실상이 적나라하게 드러난 것이죠. 만약 지금 요양병원이나 요양원 같은 노인 요양시설에서 노인들이 어떻게 살아가고 있는지, 객관적으로 일상을 보여주기만 하더라도 많은 분이 자신의 노년을 놓고 다른 생각을 갖게 되리라 생각합니다. 사실 어느 정도 사정을 아는 저로서는 늙는 게 무섭습니다.

이재갑 노인 요양병원이 지금 이런 식으로 운영하는 구조를 강제한 게 바로 정부가 마련한 의료 수가체계입니다. 그 안에서는 이런 식으로밖에 운영할 수 없어요.

강양구 하지만 정부 역시 노인 요양시설에 의료 자원이나 복지 자원을 계속해서 쏟아부을 수도 없잖아요?

이재갑 그래서 적절한 절충점이 만들어져야 합니다. 사실 이 절충점도 우리가 일반적으로 생각하는 병원과 비교하면 수준이 떨어질 거예요. 일반인이 보면 너무 열악하죠. 하지만 그 정도가 보통 소득을 가진 사람이 가족을 모실 수 있으면서도, 그곳에서 생활하는 어르신도 그럭저럭 만족할 만한 상태거든요. 비용을 너무 높여도 곤란하고, 무작정 떨어뜨려도 곤란해요.

강양구 사실 저희 할아버지께서도 치매로 노인 요양시설에 계시다 돌아가셨어요. 처음에 모실 때 고민이 많았죠. 그래서 할아버지를 노인 요양시설에 모시고 나서, 마침 당시 정년 퇴임하신 아버지께서 노인 요양보호사 자격증을 따셔서 그 시설에 취직하셨어요. 그렇게 아버지께서 매일 할아버지를 돌보다 보내드렸죠.

그런데 삼촌이나 고모들이 드문드문 할아버지를 문병하러 오실 때마다 아버지, 어머니께서 정말로 속상해하셨습니다. 왜냐하면 그 지역에서는 시설이 제일 괜찮은 곳이었지만, 가끔 오는 삼촌이나 고모들이 보기에는 너무나 부족한 시설인 거예요. 저도 막상 가서 보고 눈살 찌푸려지는 부분이 있었고요. 그런데 어떡하겠습니까? 그게 최선이었거든요.

이재갑 그러니까요. 사실 그곳도 그렇게 하고 싶어서 그러는 게 아니라, 정부 지원을 받아서 운영할 수 있는 최선의 수준이 거기까지인 거예요.

강양구 그렇다고 해서 집에서 돌보는 일도 불가능할뿐더러, 바람직하지도 않죠.

이재갑 한정된 재정 상황에서 가장 효과적인 방법을 찾아야 합니다. 그 과정에서 정말로 불합리한 부분은 고쳐야 하고요. 그런데 정작 요양병원 같은 노인 요양시설의 문제점을 보건복지부나 질병관리본부에서 제대로 파악하지 못하고 있어요. 그러다 직접 가서 보고서야 상황의 심각성을 알게 되는 거죠.

더구나 알고도 고치지 못하는 경우도 있습니다. 요양병원이 전체 병원의 절반이나 되다 보니, 그쪽에 조금만 신경을 쓰면 국민건강보험공단 재정에 굉장히 부담을 줍니다. 예를 들어, 감염 관리를 잘하기 위해서 병원마다 환자 한 명당 할당된 비용(감염 예방 관리료)이 있어요. 상급 종합병원, 대학병원 등 300개 정도의 병원이 이 비용을 받았습니다.

이 돈으로 감염 관리 담당자도 뽑고, 감염 관리도 하고, 손세정제도 사고 그러는 거죠. 그런데 애초 1,400개 요양병원에는 한 푼도 지급하지 않았어요. 그러니 병원에서 감염 관리를 할 리가 없죠. 저를 비롯한 감염병 전문가가 바이러스가 유행할 때만이라도 지급을 해달라고 사정을 했어요. 그랬더니 갑자기 2020년 4월 1일 자로 1인당 1,050원이 책정되었습니다.

200병상 정도 되는 요양병원이면 한 달에 700만 원 정도 되는 금액이 추가 지원되는 것이죠. 이 정도면 감염 관리 간호사도 추가로 고용할 수 있고 또 다른 곳에도 쓸 수 있을 만큼 생각보다 도움이 많이 되는 금액입니다. 이런 금액이 바이러스 유행 전부터 책정되었더라면 어땠을까요? 그런데 코로나19 유행이 끝나면 아마 없어질 거예요.

강양구 고령사회의 민낯을 확인하는 시간이었습니다. 노인들을 요양병원이나 요양원에 수용하는 이면에, 겉으로 드러나는 것보다 훨씬 많은 문제가 쌓여 있었다는 게 드러났습니다. 이런 식으로 문제를 일단 드러내놓고 본격적으로 사회적 토론을 해야 해요. 그나저나 걱정입니다. 2020년부터 베이비 붐 세대가 만 65세가 되면서 고령 인구로 진입하잖아요(1955년생).

이재갑 그렇죠. 이제 훨씬 적은 숫자의 사람들이 훨씬 많은 노인을 돌보아야 하는 상황이 옵니다. 아까도 언급했지만, 요양병원은 그나마 병원이니까 요양원 같은 노인 요양시설보다는 상황이 나을 거예요. 그런데 이번에 그런 요양병원의 의료진이 착용할 마스크가 한동안 부족했어요. 요양원의 상황은 그보다 훨씬 심각했겠죠.

앞으로 코로나19 유행이 쉽게 끝나지 않을 가능성이 크고, 또 신종 감염병 유행이 계속 걱정되는 상황에서 요양병원, 요양원 같은 취약 시설에 대한 관심이 좀 더 집중될 필요가 있습니다. 그곳이 뚫리면 다른 곳과는 비교할 수 없을 정도로 피해가 클 테니까요. 다시 한번 강조하고 싶습니다.

K-방역이란 무엇인가

강양구 앞에서 요양병원의 의료진이 착용할 마스크가 한동안 부족했다는 어처구니없는 현실을 언급하셨어요. 그래서 저는 'K-방역'이라는 게 과연 있었나, 하는 생각이 들어요.

이재갑 감염내과 전문의 같은 감염병 전문가끼리도 "도대체 K-방역이 뭔데?" 하는 이야기를 나누어요. 사실 지난 6개월 동안 아주 어려운 상황 속에서 다들 고생하면서 잘해오기는 했습니다. 그런데 정말 이것이 K-방역이라고 부를 정도로 체계적으로 준비된 것이었는지는 회의적입니다.

강양구 일단 바이러스 감염에 취약한 곳이 어디인지에 대한 파악이 있어야 하고, 그 연장선에서 우선순위에 따라 의료 자원의 배분 등이 이루어졌어야죠.

이재갑 그렇죠. 환자 1만 명이 발생했을 때, 10만 명이 발생했을 때 의료기관은 어떻게 할 것인지를 놓고도 계획이 있어야 했어요. 지금 국가지정격리병상이 200개잖아요? 그게 200명 정도 확진자가 발생한 메르스를 고려해서 그렇게 만들었던 것입니다. 혹시 더 많이 생길 수도 있으니 전국에 1,300개 정도의 음압격리병상을 만들었고요. 딱 이 정도의 준비 수준이었어요.

만약 전국에서 1,300명 이상의 감염병 환자가 발생하면 어떻게 해야 하는지를 놓고는 아무런 계획도 없었습니다. 그래서 어떤 방송 프로그램에서 누군가 'K-방역의 핵심이 무엇이냐'고

물었을 때, 저는 이렇게 답했습니다. "임기응변!" 긴급 상황이 터지면, 바로바로 대응하면서 막아내기는 했으니까요.

강양구 임기응변과 '피'와 '땀'이죠. 그때그때의 임기응변과 그것을 뒷받침하는 의료진을 비롯한 다수의 노력 그리고 그 과정에서 어쩔 수 없이 생긴 희생들. 이게 K-방역의 핵심이죠.

이재갑 동의합니다. 저는 드라이브 스루를 포함한 대규모 선별 진료소와 생활치료센터, 이 두 가지가 없었으면 대구-경북은 무너졌으리라 생각해요. 그런데 드라이브 스루도 사전에 치밀하게 준비된 것이 아니라, 아이디어가 나온 지 이틀 만에 칠곡경북대병원에서 만들어졌습니다. 임기응변이었죠.

생활치료센터도 마찬가지예요. 우리나라뿐만 아니라 전 세계에서도 유례를 찾아볼 수 없는 공간이었습니다. "우한 교민도 시설에서 격리되어서 지내지 않았냐" 하는 아이디어에서 나왔어요. 이후 코로나19 경증 환자를 수용해서 진료하는 표준적인 공간으로 자리를 잡았습니다. 역시 임기응변이었죠.

평상시에는 아무것도 준비된 것이 없다가, 막상 위기가 터져서 무엇이든 해야 할 상황이 생기면 죽어도 해내죠. 그 과정에서 피와 땀은 필수고요. 말씀하신 대로, 시행착오를 거치면서 희생자도 생기고요. 바로 이게 K-방역의 핵심이라는 생각이 듭니다. 그런데 이번 일을 계기로 정말 달라져야죠.

콜센터, 택배 물류센터:
"아파도 꾸역꾸역"

강양구 이번에는 구로 콜센터나 부천 택배 물류센터에서 있었던 집단감염을 놓고 이야기해보겠습니다. 이런 일터의 집단감염 사례를 보면 대부분 비슷해요. 우선 흔히 '3밀'이라고 말하는 밀집, 밀폐, 밀접한 노동 환경이 있습니다. 또 다른 하나는 호흡기 질환 증상이 나타났음에도 집에서 며칠간 쉴 수 없는 노동 문화도 있고요.

이재갑 형편이 어려운 분들은 며칠 쉬면 가족의 생계를 꾸리지 못할 수도 있으니까, 아픈 걸 참고 또 속이면서도 직장에 나가기도 하지요.

강양구 빌 클린턴 대통령 시절 미국 노동부 장관을 지낸 경제학자 로버트 라이시가 '코로나 시대의 네 가지 계급'을 말해서 화제가 된 적이 있었죠.

첫 번째는 '원격 근무가 가능한 노동자The Remotes'입니다. 미국 노동자의 35퍼센트에 해당하는 이들은 노트북으로 장시간 업무를 하고, 화상 회의를 하거나 전자 문서를 다룰 수 있습니다. 이들은 바이러스가 유행해도 거의 동일한 임금을 받죠. 라이시는 이들이 "위기를 잘 건널 수 있는 계급"이라고 했어요.

두 번째는 '필수적 일을 해내는 노동자The Essentials'입니다. 전체 노동자의 약 30퍼센트로 의사와 간호사, 경찰관과 소방관과 군인, 택배업 노동자 등입니다. 위기 상황에서 꼭 필요한 일을 해내는 이들이죠. 일자리는 잃지 않지만 바이러스 감염 위험에 노출될 가능성이 큽니다. 이재갑 교수님도 바로 이 두 번째 계급이네요.

세 번째는 '임금을 받지 못하는 노동자The Unpaid'입니다. 식당 등에서 일하거나 제조업체의 공장에서 일하는 노동자입니다. 바이러스가 유행하면서 무급 휴가를 받거나, 직장을 잃은 사람들이죠. 이들 가운데 일부는 자신의 생계를 위해서 택배 물류센터 같은 곳의 임시직을 선택하죠.

마지막 계급은 '잊힌 노동자The Forgotten'입니다. 예를 들어 감옥이나 노숙인 시설 혹은 집세를 아끼려고 좁은 집에서 함께 지내는 이주 노동자 등이죠. 이들은 사회적 거리 두기가 불가능한 공간에서 머무르기 때문에 코로나19 감염 위험도 높죠. 싱가포르에서 이주 노동자를 상대로 집단감염이 나타난 것은 그 단적인 사례고요.

라이시의 구분을 염두에 두면, 우리나라에서도 돈을 벌기 위해 어쩔 수 없이 콜센터나 택배 물류센터 같은 곳으로 일하러 나갈 수밖에 없는 이들이 바이러스의 희생자가 되었습니다. 더군다나 그런 곳은 바이러스가 똬리를 틀고 증식하기에 가장 좋은 환경이었다는 사실도 드러났고요.

이재갑 3월에 구로구 콜센터에서 처음 집단감염이 발생했을 때, 창피했어요. 부끄러웠습니다. 매일 요양병원 같은 노인 요양시설 이야기를 꺼내면서, 이곳을 떠올리지 못했으니까요. 택배 물류센터에서 집단감염이 발생했을 때도 마찬가지였고요. 밀집 시설이 바이러스에 취약하다는 말을 수없이 했으면서도, 정작 어떤 일터가 그런 곳일지는 감을 못 잡았거든요.

'나도 말만 전문가지' 이런 생각이 드니까 창피하더라고요. 전문가라면 마땅히 "콜센터 같은 곳이 위험합니다", "택배 물류센터 같은 곳이 위험합니다" 이런 이야기를 해야 했는데 그러지 못한 거죠. 지금도 우리 사회의 어떤 곳이 취약한지 계속 두리번거리고 있습니다만, 바이러스는 언제나 예상치 못한 곳을 공격하더군요.

강양구 사실 사무실 자체가 집단감염에 취약한 곳이잖아요.

이재갑 맞습니다. 요즘 방송국에 자주 갔는데, 빽빽하게 붙어서 일하는 환경 면에서는 그쪽 사정도 비슷하더라고요. 지나가는 말로 "여기도 문제예요" 하고 이야기를 했었어요.

강양구 가끔 방송 프로그램 촬영을 위해 구로구의 사무실을 방문할 일이 있어요. 그 일대에 방송 프로그램 기획, 제작을 겸하는 작은 회사와 스튜디오가 많거든요. 그런데 가서 보면 깜짝 놀랍니다. 사무실에 책상 수십 개가 다닥다닥 붙어서 모니터 두 대씩 놓고서 일하는 환경이에요. 심지어 책상 사이에 칸막이도 없이요.

1980년대 구로구에서 일하던 노동자 앞에 재봉틀이 놓여 있었다면, 지금은 컴퓨터 모니터가 놓여 있는 것만 다를 뿐 사실 작업 환경만 놓고 보면 크게 다르지 않습니다. 당연히 바이러스 감염에도 취약하죠. 그런 사무실에서 한 사람의 감염자가 발생하면 다른 사람에게 바이러스를 옮기는 일은 시간문제일 거예요.

이재갑 저도 구로동과 가산동 일대가 변하는 모습을 봤거든요. 공장이었던 건물이 갑자기 높이 솟은 빌딩으로 바뀌고, 거기에 중소 기업이 들어서면서 동네가 천지개벽이 되었잖아요? 그 가운데 말씀하신 대로 스튜디오도 많고, 게임 회사의 하청 업체도 많습니다. 그런 업무는 굳이 사무실이 아니라 재택 근무도 가능할 것 같은데…….

강양구 그런데도 꾸역꾸역 모여서 일하죠.

이재갑 아무리 과학 기술이 발달하더라도 사람의 생각이 바뀌지 않으면 안 된다는 것을 느낍니다. 콜센터 업무도 사실 마음만 먹으면 재택 근무가 가능하잖아요?

강양구 고객 개인 정보 때문에 모여서 일할 수밖에 없다고 합니다만, 사실 재택 근무를 하려고 마음을 먹는다면 당연히 방법을 찾았겠죠. 이번 일을 통해 이른바 사무실이 바이러스 감염에 굉장히 취약한 공간이었다는 사실이 드러난 겁니다.

저는 택배 물류센터도 충격이었습니다. 이른바 '비대면', 즉 '언택트Untact' 사회가 가능한 게 택배 서비스 때문이잖아요. 그런데 그런 택배 서비스가 가능하기 위해 꼭 필요한 장소가 물류센터인데, 그곳이야말로 바이러스에 취약한 곳이었다는 사실을 접하고서는 거대한 역설을 맞닥뜨린 느낌이더라고요. 더구나 그곳에서 일하는 노동자의 처우나 노동 환경 역시 아주 열악하다는 사실이 확인되었고요.

이재갑 저도 물류센터에서 한 가지 아픔을 보았는데요. 이들 사이에도 계급이 있었다는 겁니다. 정직원들과 달리 비정규직 또는 아르바이트생은 장화나 방한복도 자기 것이 없어서 돌려 입었는데, 거기에서 바이러스가 다 검출되었잖아요. 취약한 장소에서마저 더 취약한 사람들이 바이러스의 공격 대상이 된 것이죠.

강양구 혹시 교수님께서 주목하시는 또 다른 약한 고리가 있을까요? 예를 들어 아까도 잠깐 언급했듯이 싱가포르 같은 곳은 이주 노동자 집단감염이 많잖아요.

이재갑 이주 노동자와 관련해서 우리나라와 싱가포르 사이에는 한 가지 결정적인 차이가 있습니다. 싱가포르는 국가 차원에서 그들의 숙식을 해결하는데, 우리나라는 개별 기업이 그 부분을 담당하고 있어요. 그래서 바이러스가 유행하고 나서 국내 기업은 소속 이주 노동자가 밖으로 나가지 못하도록 격리하고 있습니다. 명백한 인권 침해입니다만…….

그런데 이분들은 공식적으로 들어온 것이고, 불법 체류 이주 노동자 규모도 40만 명에 달한다고 하잖아요? 일종의 방역 사각지대라서 걱정입니다.

강양구 저도 걱정스러운 이야기를 들었습니다. 박건희 안산 상록보건소장과 이번 사태를 놓고서 자주 이야기를 나눕니다. 공항에 이주 노동자가 들어오면 자가 격리 장소가 있는지 확인해요. 그러면 이분들이 자가 격리할 집이 있다고 신고를 합니다. 그런데 실제로 보건소에서 찾아가면 고시원 같은 작은 방 하나에서 네다섯 명이 모여 지내는 일이 부지기수래요.

만약 입국한 이주 노동자 중 한 사람이 확진 판정을 받으면 함께 지내는 나머지 노동자도 고스란히 집단감염으로 이어지는 상황이죠. 그렇다고 이분에게 국가에서 제공하는 자가 격리 숙소를 권할 수도 없어요. 이주 노동자에게는 본인이 부담해야 하는 2주간의 숙박비가 적지 않게 다가올 테니까요. 지방자치단체의 시설 등을 지원하는 방안은 또 형평성 문제가 있어서 고민이라고 하고요.

지금까지 콜센터와 택배 물류센터 또 이주 노동자에 초점을 맞춰서 이야기했습니다. 반복하지만, 한국 사회의 가장 약한 고리가 바이러스에게도 취약한 곳이라는 사실이 시간이 지날수록 적나라하게 드러나고 있습니다. 미국이나 독일의 육류 가공 공장에서 일어난 집단감염에서 확인할 수 있듯이 다른 나라 사정도 마찬가지고요.

이재갑 바이러스가 취약한 곳을 골라서 일부러 침범하는 것은 아닙니다. 사실 바이러스는 그 사회 전체를 공격합니다. 그런데 상대적으로 여건이 나은 곳은 바이러스를 막아내는 반면, 취약한 곳은 막아내기는커녕 그것이 똬리를 틀고 번식할 기회를 제공하죠. 답답한 일입니다.

강양구 결국 그런 약한 고리를 어떻게 강하게 만들 수 있느냐에 따라서 비대면 이른바 언택트 사회를 둘러싼 이야기가 공허해지지 않겠죠. 그런데 정작 그런 부분보다는 "언택트, 언택트" 하면서 유행만 좇는 것 같아서 답답합니다. 5월 6일부터 시작한 생활 방역을 둘러싼 논의도 마찬가지고요.

"취약한 곳은 재난 후에도 취약하다": 큰 물음표에 대한 논의의 필요성

이재갑 처음에 생활 방역 이야기가 나왔을 때, 반대하지는 않았어요. '사회적 거리 두기'의 수준을 조금씩 완화해야 할 시점이니, 누가 반대하겠어요? 다만, 확실히 해야 할 점은 다시 예전 생활로 돌아갈 수는 없다는 사실입니다. 지역사회 유행이 완전히 종식된 상황이 아닐 뿐만 아니라, 자칫하면 대유행으로 이어질 수 있는 아슬아슬한 일이 반복되고 있으니까요.

그러니 다시 일상생활로 돌아가려면 철저한 준비가 필요해요. 예를 들어 방금까지 이야기한 한국 사회의 약한 고리를 어떻게 하면 강하게 만들지, 그런 고민이 전제되지 않으면 다시 바이러스가 공격했을 때 똑같은 곳들에서 또 문제가 생길 가능성이 크니까요. 취약계층은 대형 재난을 겪고 나서도 여전히 취약계층이니까요.

그런데 정작 이런 부분에 대한 고민 없이 생활 방역 이야기가 너무 쉽게 나왔어요. 그래서 답답해요. 왜냐하면 우리는 바이러스 유행을 계기로 사회 전체를 어떻게 바꿀까, 같은 질문을 던지고 해법을 마련하려고 하지 않아요. 반면에 미국과 유럽은 어떨까요? 장담컨대, 바이러스 유행 이후에 미국과 유럽은 긍정적으로든 부정적으로든 많은 변화가 있을 겁니다.

강양구 생활 방역, 그러니까 생활 속 거리 두기를 이야기하면서 나왔던 지침 가운데 호흡기 질환 증상이 있으면 3~4일 집에서 쉬라는 권고가 있습니다. 그런데 과연 이렇게 회사 눈치 보지 않고 3~4일 집에서 쉴 수 있는 사람이 몇 명이나 되겠어요? 또 그렇게 쉬었을 때 생계에 문제가 없는 사람은요? 이건 개인 실천이 아니라 사회 구조가 변해야 하는 문제입니다.

다수가 한 공간에 모여서 일하는 업무 환경, 작업 환경을 바꾸는 문제도 각 기업의 대표가 결단을 내린다고 되는 문제가 아닙니다. 노동-보육-교육-주거-교통 등 일상생활의 모든 요소가 맞물린 중요한 변화입니다. 그리고 이것도 하루아침에 뚝딱 가능한 게 아니라, 차근차근 큰 그림을 그리고 준비함으로써 가능하고요.

분명히 변화는 필요하고, 바뀌어야만 해요. 그런데 살짝살짝 건드리는 수준이 아니라, 근본적인 개혁의 양상을 띠어야 합니다. 비대면 사회, 좋습니다. 하지만 어쩔 수 없이 대면이 필요한 일도 분명히 있거든요. 단순히 '비대면'만 읊는다고 자동으로 비대면 사회로 세상이 바뀌는 건 아니죠. 정작 이런 논의는 없어요.

이재갑 생활 방역을 고민할 때 노동계의 목소리는 듣지 못했습니다. 사회적 거리 두기로 경제적으로 가장 큰 피해를 입었던 소상공인과도 한 번도 대화하지 않았어요. 이런 상황에서 시작한 생활 방역, 생활 속 거리 두기가 제대로 될 리가 없었지요. 실제로 그 뒤로 수개월이 지났지만 가시적인 성과는 없고요.

강양구 교수님도 말씀하셨지만, 유럽은 이번 기회에 정말 엄청난 변화가 있을 거예요. 뉴 노멀에 걸맞은 사회 구조 개혁에 대한 사회적 토론이 광범위하게 일어나서, 기존에 당연하다고 생각했던 여러 관행과 더 나아가 사회 체계를 정교하게 바꾸는 작업이 진행되리라 생각합니다. 사실 우리나라가 그럴 수 있는 여유를 먼저 확보했는데 아쉬워요.

이재갑 맞습니다. 시간을 벌어놨는데 말이에요.

강양구 그렇다면 지금부터라도 다시 준비하면 좋겠어요. 이제 두 가지 시나리오가 있습니다. 하나는 앞으로 바이러스에 한번 더 호되게 당한 후에, 뒤늦게 유럽에서 고민한 결과물을 들여오는 시나리오입니다. 다른 하나는 늦었지만 지금부터라도 우리 사회를 바꾸는 고민을 시작하고, 하나씩 실천에 옮기는 것이죠.

이재갑 미국도 유럽도 아직 정신이 없는 상황입니다. 된통 당했고, 또 여전히 현재 진행형이니까요. 그런데도 제가 놀란 점은, 곳곳에서 바이러스 유행을 계기로 무엇이 바뀌어야 하는지를 놓고 진지한 논의가 진행 중이라는 사실이었습니다. 사회적 거리 두기를 완화할 때도 어떤 조건이 필요한지를 놓고 여러 가지를 고려하면서 대응하는 모습만 봐도 그렇죠.

예를 들어 우리나라는 사회적 거리 두기 완화의 가장 중요한 조건이 하루 신규 확진 환자의 숫자입니다. 그런데 확진 환자의 숫자 자체는 아주 제한적인 의미만 가지고 있어요. 확진 환자 숫자가 일시적으로 줄더라도 지역사회 유행이 늘어난다는 또렷한 신호가 있다면, 오히려 상황은 나빠지고 있는 것일 테니까요.

강양구 예를 들어 전파 경로를 모르는 환자의 비율 같은 것이 그것이죠. 애초 방역 당국은 5퍼센트 정도를 기준으로 정해놓았는데 어느새 그 비율이 10퍼센트를 넘나들고 있는 상황입니다(2020년 7월 말 기준).

이재갑 맞아요. 지역사회 유행의 추세가 어떤지를 정확하게 평가하는 일이 가장 중요합니다. 그리고 의료체계가 어느 정도로 준비되어 있는지도 중요해요. 만에 하나 다시 바이러스 유행이 시작해 환자가 많이 발생할 때, 의료체계가 어느 정도 수준으로 감당할 수 있는지가 중요하니까요. 그 정신 없는 상황에서도 미국과 유럽은 이런 기준을 잡더라고요.

강양구 정세균 총리가 5월 3일에 생활 방역으로의 전환을 발표하면서 이런 말을 했어요. "일상과 방역의 조화는 아직 어느 나라도 성공하지 못했다." 그럼, 우리는? 이렇게 반문하게 되더군요.

Q&A

7 바이러스를 어떻게 막을 수 있는가?

코로나바이러스 예방 효과를 다룬 세계 각국의 논문 172편을 메타 분석한 연구 결과를 보면 거리 두기, 마스크, 안면 가리개(페이스 실드) 등이 바이러스 차단에 효과가 있다.

① 코로나바이러스를 막는 가장 효과적인 방법은 1미터 이상의 거리 두기다. 감염자와 비감염자 사이의 거리를 1미터 이상 떨어뜨리면 바이러스 전파 가능성이 낮아진다. 당연히 2미터 이상 거리를 두면 감염률은 더욱더 떨어졌다. 3미터 이상 거리를 두면 1퍼센트대로 떨어졌다. 1미터 이상 거리를 두면 바이러스 전파 가능성이 20퍼센트 수준으로 떨어졌다(12.8퍼센트→2.6퍼센트).

② 마스크를 착용하면, 바이러스 감염률은 17.8퍼센트 수준으로 떨어졌다(17.4퍼센트→3.1퍼센트). 우리나라처럼 일상생활에서 대다수 시민이 마스크를 쓰는 상황이라면 사실상 마스크를 두 장 겹쳐서 쓰는 효과가 있을 테니, 바이러스 감염률은 더욱더 떨어질 것이다. '3밀'의 실내 환경이라면 마스크의 바이러스 차단 효과는 특히 크다.

③ 안면 가리개, 고글 등도 효과가 있다. 바이러스 감염률이 34.375퍼센트로 떨어졌다(16퍼센트→5.5퍼센트). 어

린이처럼 마스크 착용이 어렵거나, 수영장이나 해수욕장 처럼 마스크 착용이 어려운 환경이라면 안면 가리개도 바이러스 차단에 상당한 효과가 있다.

Q&A

8 어떤 마스크를 착용해야 하는가?

① 일상생활에서는 바이러스에 오염된 비말을 차단할 수 있다면 어떤 마스크도 도움이 된다. 천(면) 마스크, 비말 차단 마스크(KF-AD), 덴탈 마스크(수술용 마스크), 보건용 마스크(KF80, KF94), 의료용 마스크(N95) 등이 있다. 심지어 마스크가 아닌 천으로 코와 입을 막아서 비말을 차단하는 것도 효과가 있다.

② 지역사회에서 환자가 다수 발생하여 바이러스의 밀도가 높은 상황에서 '3밀'의 실내 공간을 방문해야 한다면, 보건용 마스크처럼 필터가 좀 더 촘촘한 것이 필요하다. 바이러스 감염의 가능성이 훨씬 큰 병원 중환자실이라면 의료용 마스크(N95)를 착용하기를 권한다.

③ 단 어린이, 임신부, 노인 등 호흡량이 작은 노약자나 천식과 같은 질환이 있는 환자라면 필터가 촘촘한 보건용 마스크보다는 숨쉬기가 편한 천 마스크, 비말 차단 마스크, 덴탈 마스크 등이 오히려 낫다. 필터가 촘촘한 마스크로 호흡하면 들이마시는 산소 양이 적어지고 이산화탄소의 배출이 어려워 건강을 해칠 수 있다.

6장

혐오

인간이 가진 자연스러운 감정!?

강양구 우리 사회가 가진 어두운 면을, 코로나19가 단박에 드러냈다는 이야기를 이어서 하고 있습니다. 그 가운데 바이러스 유행 초기부터 지금에 이르기까지 관통하는 키워드를 꼽자면, 단연코 '혐오'라고 할 수 있습니다. 안타깝지만 바이러스 앞에서도 서로 책임을 전가하고, 특정 집단을 혐오하고, 끼리끼리 뭉치는 일은 뜻밖에도 자연스러운 일입니다.

예를 들어 몇 가지 단어를 이야기해볼게요. 바퀴벌레, 구더기, 소변, 대변, 콧물, 땀, 침, 고름, 음식물 쓰레기, 끙끙 앓는 사람, 시체……. 생각만 해도 혐오감이 돋지요? 밸러리 커티스 Valerie Curtis는 2001년 이렇게 혐오감을 일으키는 요인이 곧바로 바이러스나 세균과 같은 병원체를 옮기는 것들과 겹친다는 사실을 발견했습니다.

이어서 커티스는 혐오 감정이 병원체가 잠복한 대상(앞서 말한 바퀴벌레, 구더기, 소변, 대변 등)을 사전에 피하게 하는 역할을 한다는 주장을 내세웠습니다. 커티스의 이론은 상당히 설득력이 있다고 받아들여지고 있어요. 예를 들어 커티스의 이론을 적용한 어느 실험에서는 사람들이 파란 액체가 묻은 수건보다 노란 액체가 묻은 수건을 더 혐오스럽게 느낀다고 답했습니다. 노란 수건은 콧물이나 고름을 연상시키죠.

커티스의 견해를 염두에 두면, 앞에서 언급한 낯선 사람을 기피하고 혐오하게 된 사정도 이해가 됩니다. 화재경보기가 담배 연기 같은 아주 작은 낌새에도 민감하게 작동하는 것처럼, 혐오 감정은 '바이러스나 세균과 같은 병원체를 가지고 있지 않은' 생김새나 언어가 다른 낯선 사람에게도 자동 반사적으로 나타납니다. 지금처럼 세계가 비행기, 열차, 배 등으로 하나로 연결되기 전까지만 하더라도, 사람들 대다수는 평생 한 곳에서 매일 보던 이들과만 어울려 살았습니다. 물론 그때도 바이러스나 세균이 옮기는 병은 있었습니다. 하지만 오랫동안 한곳에 살던 사람은 그 지역에서 유행하는 바이러스나 세균에는 면역이 있어서 심각한 타격을 받는 일을 피할 수 있었죠.

그때 가장 무서운 대상은 아주 드물게 외지에서 방문하는 낯선 사람이었습니다. 낯선 사람은 친구인지 적인지도 불분명할 뿐만 아니라, 듣도 보도 못한 낯선 병을 가지고 들어올 가능성이 있습니다. 실제로 16세기 소수의 스페인 군대가 남미의 원주민 제국을 멸망시킨 진짜 이유도 유럽에서 신대륙으로 들어간 천연두 같은 바이러스 때문이었으니까요.

아주 오랫동안 이런 상황을 경험하면서 진화해온 인간으로서는 어렸을 때부터 죽을 때까지 함께 나고 자란, 생김새도 비슷하고 익숙한 공동체의 구성원을 선호할 수밖에 없습니다. 반면에 언어나 피부색과 같은 생김새가 다를뿐더러, 처음 보는 낯선 사람은 자연스럽게 경계하고 더 나아가 무서워하는 성향이 생겼죠.

병원체를 피하는 혐오 감정이 이런 낯선 사람에게도 화재경보기처럼 시도 때도 없이 울리게 된 것입니다. 예를 들어 제주도로 들어와서 난민 신청을 하고 잠시 머무른 예멘 사람에 대해 품었던 근거 없는 적대감도 바로 이런 혐오 감정이 작동한 사례라고 할 수 있습니다. 평소에도 이랬는데 정체 모를 바이러스가 유행하는 낯선 상황에서는 어떨까요?

맞습니다. 실제로 바이러스가 유행하고, 나와 가족 또 이웃이 감염되어 심하면 목숨을 잃을 수도 있는 상황이라면 화재경보기(혐오 감정)는 더욱더 미친 듯이 작동을 할 거예요. 바이러스가 유행할 때, 과학에 기반을 둔 이성보다는 공포에 기반을 둔 혐오가 기승을 부리는 이유는 이 때문입니다.

우리나라도 마찬가지죠. 처음에는 중국이었고, 그다음에는 신천지 교회, 다음에는 성 소수자. 그나마 국내의 외국인이나 이주 노동자가 타깃이 되지는 않았네요.

이재갑 그렇네요. 다행스러운 일입니다.

강양구 아니나 다를까, 싱가포르에서는 이주 노동자 혐오가 문제가 되었더군요. 우리나라가 다인종 사회가 아니기에 유럽이나 미국과 같은 소수 인종에 대한 혐오 문제는 드러나지 않았습니다. 하지만 이주 노동자가 모여 사는 안산 같은 곳에서 집단감염이 있었다면, 그때도 그럴지 장담할 수 없지요.

이재갑 그러고 보니, 중간에 간병인 문제 때문에 조선족 혐오가 살짝 불거진 적은 있었습니다.

강양구 아, 그랬네요. 처음에 우리가 '우한 폐렴'이라고 부르던 시기에도 그랬어요. 그때도 라디오 방송을 하다 보면, 아이나 어르신을 돌보는 조선족 도우미는 괜찮을지 대놓고 물어보는 청취자가 있더라고요. 방송에 내보내지는 않았습니다만, 그런 걸 공개적으로 질문해도 아무렇지 않은 분위기가 한국 사회에 분명히 있습니다.

이재갑 그렇죠. 어처구니없는 일입니다. 사실 우한에는 조선족이 살지 않아요. 또 한국에서 지금 일하고 있는 조선족은 대부분 고향(중국)에 가고 싶어도 못 가는 분들이거든요. 또 조선족이 많은 서울시 대림동이나 안산시에서는 환자 발생도 없었고요. 그런데 중국이 문제가 되니까 곧바로 조선족을 혐오의 대상으로 지목한 거예요.

저도 하도 답답해서 방송에서 이렇게 이야기한 적이 있습니다. 바이러스 감염 가능성이 문제라면 중국에서 온 사람을 문제 삼아야지, 왜 중국인을 문제로 보냐고요. 초반에 입국 차단 이야기가 나왔을 때, 정치권에서 이런 표현을 했습니다. 자유한국당이었을 거예요. "중국에서 온 외국인과 중국인." 도대체 거기서 중국인이 왜 나옵니까?

코로나19와 중국 혐오

강양구 중요한 말씀을 해주셨는데, 저는 이런 생각도 해봤습니다. 예컨대 2009년에 있었던 신종플루는 유행의 시작이 미국이었습니다. 발원지는 캘리포니아라는 이야기도 있고, 멕시코라는 이야기도 있지요. 하지만 유행이 시작된 곳은 미국 서남부 지역이었습니다. 그곳에서 전 세계로 퍼졌죠. 그런데 그때 우리가 미국 사람을 혐오하지는 않았잖아요?

이재갑 희한한 일이죠.

강양구 바이러스가 미국에서 왔다는 사실은 언론에서도 많이 이야기해서 다들 알고 있었어요. 실제로 미국에서 오는 경로로 우리나라에 들어왔고요.

이재갑 첫 번째 사례가 미국에서 들어온 것이었습니다.

강양구 그런데도 미국인 혐오가 전혀 없었다는 게 지금 생각해보면 정말 이상하더라고요. 당시만 해도 공포감이 상당했잖아요? 하지만 혐오도 없었을뿐더러, 입국 금지 주장도 없었으니까요.

이재갑 입국 금지라는 말 자체가 없었어요. 저도 이상했던 게 2009년 신종플루 때는 전혀 언급도 없었던 입국 금지 이슈가 이번에는 중국에서 발생하자마자 나왔거든요. 그러니까 2015년 메르스 때도 중동에서 오는 사람을 막자는 이야기는 없었고, 아프리카에서 에볼라가 유행할 때도 서아프리카에서 오는 사람을 막자는 이야기는 없었어요. 지금까지 한 번도 없었죠.

그런데 이번에는 초반부터 중국을 대상으로 한 입국 금지 이야기가 나오는 것을 보고, 저도 이런저런 논문을 찾아봤습니다. 또 WHO는 어떻게 생각하는지 궁금해서 찾아봤어요. 그랬더니 "어떤 감염병이 유행하더라도 물류의 전달과 사람의 교류를 막는 일은 실익이 없다"고 입국 금지를 반대하더군요.

강양구 그런 입국 금지는 사실 과학적 근거도 없을 뿐만 아니라, 방역의 근거도 희박하잖아요? 더구나 돌이켜보면 1월 말에 뒤늦게 중국에서 오는 외국인을 막는다 한들 효과가 없었다는 게 미국, 유럽 내 유행을 통해서 확인되었습니다. 신천지 대구교회 등으로의 유입도 이미 중국 입국 금지 이야기가 나오기 전에 있었던 것으로 추정되고요.

이재갑 맞아요. 그런데 여전히 왜 그때 안 막아서 일을 어렵게 만들었냐고 하는 사람이 있습니다.

강양구 아까 커티스의 이론을 설명했습니다만, 바이러스가 혐오감을 불러일으키는 일종의 방아쇠 역할을 합니다. 거기에 더해서 우리 사회에 이미 만연한 혐오를 증폭하는 요인이 있는 것 같아요. 바이러스가 방아쇠를 당기면, 우리 사회에 똬리를 틀고 있던 그런 요인이 혐오를 증폭하는 것이지요. 우리 사회에 그간 중국에 대한 은근한 혐오가 있었잖아요?

이재갑 그 부분이 이상해요. 물론 중국이 이상한 일을 많이 벌이기는 하지만, 그래도 겁을 먹으면 먹었지 무시하고 혐오할 수 있는 상황은 아니라고 생각하거든요.

강양구 중국을 바라볼 때, 미국이나 유럽과 비교해서 문명국이 아니라는 편견이 있는 거죠. 1980~90년대 한국이 어느 정도 경제 성장을 이루고 나서도 중국은 강대국이긴 했습니다만 못사는 나라였으니까요. 그런데 어느 순간 그런 중국이 미국과 힘을 겨룰 만큼 강대국이 되었고, 한국 경제를 좌지우지하는 교역국으로 떠오른 것이죠.

이런 식으로 비유해볼까요? 3대가 부자였던 이웃이 부자 행세를 하면 그냥 고개를 끄덕입니다. 그런데 어제까지 못 살던 이웃이 갑자기 돈벼락을 맞아서 졸부가 되어 부자 행세를 하면 기분이 나쁘죠. 우리나라 일각의 중국 혐오가 딱 그런 마음과 비슷한 것 같아요. 한편으로는 무서우면서도 한편으로는 무시하고 싶은 그런 정서가 중국 혐오로 연결된 것이죠.

이재갑 우리나라도 근대화 과정에서 어처구니없는 사건이 많았습니다. 성수대교가 무너지고, 삼풍백화점이 붕괴하고. 입에 담을 수 없는 패륜 범죄도 많았고요.

강양구 외국에서 보면 우리나라도 지금의 중국만큼 황당한 사건이 많았을 거예요. 낙동강 페놀 오염 사건도 그렇고요.

이재갑 맞습니다. 지금 중국에서 터지는 문제는 사실 그 규모와 내용만 다를 뿐 한국에서도 있었던 일입니다.

강양구 아, 중국의 장기 밀매 이야기도 많이 하죠.

이재갑 그런데 우리나라도 1980년대부터 1990년대 초까지 인신매매가 문제였거든요. 중국도 경제 강국이 되어가는 과정에서, 또 체제 변환을 겪는 과정에서 이런저런 일을 겪고 있습니다. 그게 지금 우리나라 사람의 시각에서 보면 어처구니없는 문제처럼 보이지만, 사실 우리도 모두 겪었던 거예요. 바이러스가 이렇게 근거 없는 혐오를 증폭시켜서 걱정이에요.

그다음은 신천지 신도

강양구 처음에는 이렇게 혐오의 대상이 중국이었고요. 2월 18일 대구에서 31번 환자가 나오고 신천지 대구교회를 중심으로 집단감염 사태가 생기면서 비난의 화살이 이쪽을 향했습니다. 그런데 교수님도 앞에서 말씀하셨지만, 지금 신천지의 모습이 과거 개신교의 포교 방식이었다면서요.

이재갑 맞습니다.

강양구 신천지 교회의 은밀하고 공격적인 포교 방식 때문에 기독교계의 다른 교인, 특히 개신교에서 거부감을 가지고 있는 것은 널리 알려진 사실입니다. 하지만 이런 것도 한번 생각해야 할 것 같습니다. 신천지 교회라서 집단감염이 생긴 게 아니라, 교인끼리 접촉 빈도가 잦고 강도가 강하면 어느 교회든 집단감염이 나타날 수 있습니다.

개신교 가운데도 대형 교회가 아니라 지역의 작은 규모 교회에서는 집단감염 사례가 여럿 있었습니다. 또 개신교 교인의 성경 공부 모임, 성가대 연습, 수련회 등에서도 집단감염이 있었고요. 심지어 교회뿐만 아니라 사찰(광주 광륵사)에서도 집단감염이 있었어요. 상황이 이런데도 유독 신천지 교회에 비난이 집중되었고, 일부 정치인도 거드는 모습을 보였습니다.

이재갑 대구-경북의 경우에는 대구 신천지 교회를 중심으로 바이러스가 전파된 정황이 확실했기 때문에 전수 조사의 의미가 분명히 있었습니다. 하지만 서울, 경기도를 비롯한 전국의 신천지 교인을 모두 전수 조사하는 일이 방역의 측면에서 의미가 있었는지는 한번 되돌아볼 필요가 있습니다.

사실 돌이켜보면, 대구 신천지 교회 교인을 전수 조사하는 과정에서도 아쉬운 점이 있었어요. 감염자가 너무 많이 나오니까 그쪽에 검사 자원을 집중했는데, 이미 신천지 교회 교인은 자가 격리를 한 상황이었거든요. 또 주로 젊은 교인이 많아서 확진이 조금 늦어져도 위험한 일이 없었고요.

반면에 대구 지역사회 감염자 가운데 고령이거나 기저 질환을 가지고 있는 분은 확진이 늦어지면 중증으로 이어지거나 자칫하면 생명을 잃을 수도 있었습니다. 실제로 검사가 늦어져서 확진 판정을 받자마자 생명을 잃은 사례도 있었고요. 신천지 교회의 상징성에 집착하다 보니 오히려 효율적인 방역을 못 한 것이죠.

강양구 그렇게 방역의 우선순위를 왜곡하게 된 진짜 이유도 사실 신천지 교회에 대한 대중의 분노 혹은 혐오 정서에 정치인과 행정가가 기댄 탓 아닐까요?

이재갑 맞습니다. 당시 여러 정치인이 신천지 교회를 공격하고, 그것으로 자신의 존재감을 과시하려고 했습니다. 여야를 가리지 않고요. 예를 들어 대구에 있는 자유한국당 정치인도 마찬가지였어요. 누가 신천지 교회를 더 세게 비난하고 비판하는지 경쟁이 벌어졌고, 그 이면에는 분명히 혐오가 자리 잡고 있었습니다.

이태원발 집단감염

강양구 5월 6일 생활 속 거리 두기로 전환하고 나서, 이태원 클럽을 중심으로 확진 환자가 나오기 시작합니다. 사실 5~6월 수도권 유행이 이때부터 본격적으로 시작되었습니다. 초반 보도 당시, 확진 환자가 나온 클럽이 남성 동성애자가 자주 찾는 곳이라는 사실이 강조되었어요. 답답했습니다. 왜냐하면 클럽이라면 어디나 집단감염에 취약하거든요.

이재갑 맞습니다. 성 소수자에 대한 혐오가 방역 면에서는 근거 없는 프레임을 만든 거죠. 그러고 보니, 한국 사회에서 혐오를 조장하는 세력이 있네요. 바로 극우 개신교 집단입니다. 신천지 교회도 그랬고, 성 소수자도 그랬고 극우 개신교 집단이 혐오를 앞장서서 부추기는 경향이 있었습니다.

앞서 언급했듯이 저는 독실한 개신교 신자입니다. 그런데 최근 극우 개신교가 한국 사회의 동성애 혐오를 부추기고 선동하는 모습은 상당히 걱정스럽습니다. 성 소수자가 이용하는 이태원 클럽에서 확진 환자가 발생하니까, 이때다 싶어서 성 소수자 혐오를 더욱더 조장한 것이죠.

사실 4월 30일에 있었던 회의에서 클럽을 포함한 유흥업소 이야기가 나왔었어요. 생활 속 거리 두기로 전환하더라도 클럽 같은 곳은 집단감염의 가능성이 크니까 계속해서 규제해야 한다는 목소리였습니다. 그런 이야기를 누가 했을까요? 회의 때 웬만하면 다른 사람들의 말에 경청하는 정은경 본부장이 직접 그런 걱정을 꺼냈습니다. 아무도 이야기를 안 하니까, 직접 나서신 거예요.

만약 그때 정은경 본부장의 의견을 주의 깊게 듣고서, 5월 초 황금연휴 기간에 이태원 클럽 같은 곳의 운영을 규제하면서 감염병 확산의 추이를 살폈더라면, 5월부터 지금까지 수도권, 대전, 광주-전남 등으로 이어지는 유행 양상은 상당히 달라졌을 거예요. 결국 클럽에 간 성 소수자나 젊은이가 문제가 아니라, 경고가 있었는데도 주의를 기울이지 않은 방역 행정이 문제였습니다.

혐오는 방역에 도움이 되지 않는다

강양구 사실 신천지 교회도 그렇고 성 소수자도 그렇고 혐오가 방역에 도움이 안 되잖아요.

공동체가 바이러스 감염에 대응할 때 가장 도움이 되는 일은, 의심 환자가 자신 있게 "나 감염된 것 같아요!" 하고 손을 드는 것입니다. 그래야 방역 당국이 재빠르게 조치해서 감염 여부를 확인하고, 확진 판정을 받으면 격리해서 치료할 수 있죠. 그런데 감염자를 낙인찍고, 질책하고, 혐오하는 분위기가 생기면 어떻게 될까요?

그런 분위기에서 의심 환자는 손을 드는 것을 주저하게 됩니다. 그렇게 주저하는 의심 환자가 많을수록 방역은 어려워지고 공동체는 위험에 빠집니다. 나와 가족 또 공동체를 지키기 위해서라도 비상상황에서 쉽게 우리를 지배하는 혐오 감정과 싸워야 합니다. 혐오는 바이러스만큼이나, 아니 더 위험하죠.

이재갑 동감입니다. 말씀하셨듯이, 혐오가 만연하면 오히려 의심 환자가 숨습니다. 대구-경북에서 대구 신천지 교회를 중심으로 확진 환자가 발생할 때도, 제가 조언했던 일이 있어요. 선별 진료소에서 제발 이것저것 묻지 말고 검사해야 한다고요. 왜냐하면 신천지 교인 딱지를 붙여서 검사를 받게 하면, 분명히 교인인 것을 숨기고자 나서지 않을 수가 있으니까요.

강양구 맞습니다. 5월에 이태원 클럽에서 집단감염이 발생했을 때도 비슷한 일이 있었습니다. 성 소수자에 대한 혐오 때문에 당시 클럽을 다녀와서 감염 가능성이 있었던 사람들이 검사를 받기는커녕 숨어버렸거든요. 서울시에서 나중에 익명 검사 같은 카드를 들고 나와야 했던 것도 바로 그런 사정을 알기 때문이었고요.

이 대목에서 미디어를 비판하지 않을 수가 없네요. 말씀드렸듯이, 혐오 자체는 어쩌면 인간 본성에 내재한 나쁜 감정입니다. 어떤 상황에서는 그런 혐오가 극대화될 수밖에 없어요. 바이러스가 유행하는 상황이 딱 그렇죠. 그런 혐오의 방아쇠가 당겨지지 않도록 사회가 혐오에 대항하는 역량을 길러야 합니다.

예를 들어 피터 싱어Peter Singer 같은 철학자는 이런 역량을

'공감의 동심원'이라고 표현했습니다. 처음에는 나와 가족(씨족)에 머물러 있었던 공감의 동심원이 시간이 지나면서 마을, 국가, 다른 민족 심지어 최근에는 동물로까지 확장하고 있다는 것입니다. 공감의 동심원이 확장하면 혐오가 자리할 곳이 없어지지요.

이렇듯 공감의 동심원이 확장하려면, 즉 혐오에 대항하는 역량을 기르려면 시민 교육이 필요합니다. 그리고 이런 시민 교육을 일차적으로 수행하는 곳이 바로 미디어예요. 그런데 한국 사회에서는 미디어가 오히려 혐오를 부추기는 역할을 합니다. 아까 교수님께서는 극우 개신교를 언급하셨습니다만, 미디어의 나쁜 영향도 만만치 않아요.

사정이 이렇게 된 데는 미디어 환경 탓도 있겠죠. 기성 매체든 유튜브나 페이스북 같은 소셜 미디어든 일단 주목을 받아야 살아남습니다. 그리고 그렇게 주목을 받으면 돈도 벌 수 있어요. 기성 매체는 기사 클릭 수가 올라가면 그 옆에 붙은 배너 광고가 노출되면서 돈을 법니다. 유튜브 동영상도 많은 사람이 오랫동안 주목하면 돈을 법니다.

그러다 보니 기성 매체는 자극적인 제목으로 독자를 낚아서 클릭 수를 올리려고 안간힘을 쓰지요. 유튜브 동영상을 만드는 크리에이터는 더 센 자극을 주려고 사람의 가장 원초적인 혐오 감정을 자극하는 말을 서슴지 않아요. 심지어 바이러스가 유행하는 상황에서도 이런 모습은 달라지지 않았고요.

단기간에 문제가 해결될 가능성은 적습니다. 결국 혐오가 나와 가족 또 이웃과 같은 공동체의 안전에 도움이 되기보다는, 오히려 그 반대라는 사실을 알리고 공감대를 확산하는 수밖에 없으리라 생각합니다. 어려운 일입니다. '연대'나 '관용'을 사회적 가치로 녹아내려고 오랫동안 노력해온 유럽 여러 나라의 상황만 놓고 봐도 그렇고요.

이재갑 최악의 상황에서 민낯이 드러나죠. 한 사람의 됨됨이도 그가 위기를 맞을 때 비로소 그 본모습이 나옵니다. 방금 유럽의 여러 나라를 언급하셨습니다만, 저는 최강대국인 미국이 저렇게 한심한 나라였나 싶었습니다. 지금 전 세계가 바이러스에 제대로 대응하지 못하는 이유 가운데 하나는 연대보다는 혐오를 부추기는 트럼프 대통령 같은 미국 정치인 탓이 크지요.

강양구 만약 지금 미국 대통령이 전임이었던 버락 오바마였다면 어땠을까, 하는 생각을 해보곤 합니다. 부질없는 생각이지만요. 만약 오바마의 미국이었다면, 현재 트럼프의 미국과 많은 면에서 달랐으리라 생각해요. 바이러스에 공동으로 대응하는 국제 협력을 강조했을 테고, 그 과정에서 중국과도 반목보다는 공조를 택했으리라 생각합니다.

여러 가지 아쉬운 부분이 있지만, 그래도 여전히 WHO의 리더십을 인정하고 지원을 아끼지 않았으리라 생각하고요. 과학에 근거해서 방역에 나섰을 것이기 때문에 미국 시민과 그 영향을 받을 수밖에 없는 여러 나라 시민의 감염과 희생도 훨씬 적었으리라 생각합니다. 무엇보다도 처음부터 국경을 막아서 전 세계적인 중국 혐오를 부추기는 일도 없었을 테고요.

이재갑 그러니까요. 이 지경까지 가지는 않았겠죠. 오바마 대통령이라면 국경을 막기보다는 실질적으로 중국과 같은 해외로부터 들어오는 입국자의 숫자를 줄이는 방법을 썼으리라고 생각합니다. 미국은 비자 발급 요건만 강화해도 입국자 숫자를 대폭 줄일 수 있으니까요.

강양구 맞습니다. 트럼프 대통령은 각자도생을 선언했잖아요? 하지만 오바마 대통령이라면 절대로 그렇게 안 했을 거예요. 답답한 일이죠. 비유를 해보자면, 지금 바이러스가 인류를 공격하는 일은 사실 호전적인 외계 지적 생명체가 지구를 공격한 일과 흡사합니다. 할리우드 SF 영화에서 많이 볼 수 있듯이요.

이때 두 가지 대응 방식이 있습니다. 각자도생, 중구난방! 하지만 이 경우에는 희생만 늘어나고 승리할 수 없습니다. 반면에 지구 시민이 연대하여 총력을 다해서 대응하는 방법도 있지요. 어느 쪽이나 힘든 싸움이겠지만, 그래도 후자가 승리의 가능성이 좀 더 높죠. 미국 대통령은 사실 그런 후자의 대응을 주도할 수 있는 지위에 있는데 아쉬워요.

이재갑 이제 전 세계에서 누가 국제 협력하자는 이야기를 꺼내겠어요? 미국이 그런 원칙을 지켰다면, 단기적으로는 바이러스 대응도 훨씬 효과적으로 이루어졌을 테고 장기적으로는 세계 리더 국가로서의 위상도 더욱더 강화되었을 거예요. 말씀하신 대로, 오바마 대통령이었다면 절대로 그런 상황을 만들지 않았을 겁니다.

이 대목에서 이런 생각도 듭니다. 미국이 대선을 앞두고 있지 않았다면 트럼프 대통령이 저랬을까요?

강양구 맞아요. 초기 대응에 실패했던 나라 중에 이란이 있습니다. 초기 대응이 엉망진창이었던 중요한 원인 가운데 하나가 2월 21일 총선을 앞둔 상황 때문이었습니다. 집권 보수파가 선거에서 이기려고 바이러스가 유행하는 상황을 축소하면서 대응에 소극적이었죠. 정치가 방역을 망친 중요한 사례였어요.

이재갑 방역이 현실 정치의 영역과 맞물리기 시작하면 참으로 어려운 상황이 되더군요.

Q&A

9 손은 어떻게 씻을까?

가장 좋은 방법은 흐르는 물에 비누로 30초 이상 닦는 것이다(30초는 동요 '곰 세 마리'를 두 번 부르거나, '생일 축하합니다' 노래를 세 번 부를 수 있는 시간이다). 비누로 손을 씻을 수 없는 상황이라면, 알코올이 70퍼센트 이상 포함된 손 세정제로도 코로나19 바이러스는 제거할 수 있다. 두 방법 모두 제대로만 한다면 효과의 차이는 없다. 다만 육안으로 보이는 이물질이 묻어 있거나 오염이 있는 경우는 물과 비누로 손을 씻어야 한다.

Q&A

10 무증상 감염을 어떻게 할 것인가?

코로나19 바이러스 방역에서 가장 어려운 부분은 무증상 감염이다. 사실 무증상 감염은 크게 세 가지로 구분해서 살펴야 한다.

① 아직 증상이 없을 때, 양성 결과가 나온 사람. 이 경우 며칠 후 증상이 나타난다.
② 자신이 코로나19에 감염된 사실을 모를 만큼 아주 가벼운 증상을 나타내는 사람.
③ 증상이 전혀 나타나지 않는 사람.

사스 코로나바이러스나 메르스 코로나바이러스는 증상이 나타나고 나서야 바이러스 전파가 있었다. 처음부터 방역 당국이 발열과 같은 증상 시점을 기준으로 역학조사를 했던 것도 이 때문이다. 하지만 국내외 다양한 역학조사 결과가 쌓이면서, 코로나19 바이러스는 증상이 나타나기 직전부터 바이러스가 나와서 타인을 감염시킨다는 사실이 확인되었다.

정확히 말하면, 감염자가 가벼운 증상을 또렷하게 자각하지 못하는 상황에서 바이러스를 배출하며 타인을 감염시키는 것이다. 심한 증상이 나타나기 직전, 증상이 가벼운 상태에서 일상생활을 하며 자신도 모르게 바이러스를 여기저기 전파할 수 있어서 방역을 어렵게 한다.

바이러스에 감염되고 나서도 아예 증상이 없는 무증상 감염자의 전파력은 여전히 추가 연구가 필요하다. 전체 감염자의 20~30퍼센트 정도는 무증상 감염자다. 현재까지의 연구 결과를 종합하면 무증상 감염자는 증상이 있는 감염자와 비교했을 때, 타인에게 바이러스를 전파할 가능성은 아주 낮다.

하지만 가능성이 낮다고 해서 무증상 감염자가 바이러스 전파 능력이 아예 없는 것은 아니다. 방역 당국은 무증상 감염자의 2차 전파율(공격률)을 0.8퍼센트 정도로 파악한다. 100명의 밀접 접촉자를 만났을 때 0.8명에게 바이러스를 전파한다는 의미다. 경증 환자의 경우는 3.5명, 증상이 조금 심해지면 5.7명이다.

7장
방역과 정치

대한민국은 달랐다

강양구 그런 면에서 보면, 문재인 정부는 아쉬운 부분도 많았습니다만 칭찬할 만한 부분이 분명히 있습니다. 한 가지 짚자면, 대한민국은 마지막까지 문을 닫지 않았던 거의 유일한 국가였어요. 이게 문재인 대통령의 국정 철학 때문이었는지, 아니면 다른 이유가 있었는지는 모르겠습니다만.

이재갑 나중에 그것만으로도 분명히 긍정적인 평가를 받을 거예요. 개인적으로는 문재인 대통령의 치적으로 오랫동안 기억되리라 확신합니다. 바이러스가 위협하는 상황에서도 끝까지 개방의 가치를 지킨 정치인으로서 최선을 다했으니까요. 나중에 바이러스 확산이 잡히고 나서, 다시 세계 각국이 교류할 때 분명히 큰 자산이 될 거예요.

강양구 사실 저는 문재인 정부에 상당히 비판적인 입장이고, 방역을 놓고서도 아쉽게 생각하는 부분이 많았어요. 특히 5월 이후에 정세균 국무총리가 주도했던 방역 행정은 분명히 정치가 방역을 망친 부분이 있다고 생각해요. 하지만 그런 저조차도 문재인 대통령과 정부가 끝까지 원칙을 지키면서 국경을 열어 둔 점은 칭찬하고 싶습니다.

방금 말씀하신 대로, 이 유행이 끝나면 세계 각국이 협력하고 연대해서 재건에 나서야 할 겁니다. 바로 그때 한국이 리더십을 발휘할 수 있으리라 생각합니다. 그 점을 문재인 정부도 정확하게 인식하고 있습니다. 우리 형편이 나아지고 나서 다른 나라에 눈을 돌리고 있잖아요. 마스크, 진단키트 등을 지원하고 방역 노하우를 공유하면서요.

이재갑 같은 생각입니다. 한국이 문을 닫지 않은 채로 노력해서 여기까지 왔기 때문에, 앞으로 국제 연대를 주도하는 리더십을 발휘할 수 있게 되었지요. 코로나19 연대는 한국부터 시작할 수 있고, 이제 시작해야 합니다. 지금 세계 각국이 한국을 존중하는 이유는 초기 위기를 비교적 잘 극복했기 때문만은 아닙니다. 다른 두 가지 이유가 있어요.

하나는 지금까지 우리가 이야기했던 것처럼 개방성의 원칙을 지키면서 국경을 열어둔 것입니다. 두 번째는 시민의 자발성에 기반을 둔 사회적 거리 두기를 통해 바이러스를 통제한 유일한 나라라는 점이에요. 우리나라는 다른 나라처럼 강제적인 봉쇄lockdown를 하지 않고서 바이러스 확산을 막았거든요.

강양구 맞습니다. 저 역시 두 번째를 강조하고 싶습니다. 사실 2~3월의 대구-경북 유행만 막아낸 게 아닙니다. 저는 5~6월의 수도권, 대전, 광주-전남으로 이어지는 바이러스 확산을 굉장히 걱정했어요. 특히 정세균 국무총리나 박능후 보건복지부 장관 같은 방역 행정의 결정권자들이 상황 판단을 제대로 못 하면서 대응도 계속해서 굼떴고요.

그런데 놀랍게도 (여전히 안심할 만한 상황은 아닙니다만) 수도권을 중심으로 바이러스 확산세가 잡히는 거예요. 무슨 이유가 있을지 고민을 해보다가 내린 결론은 시민의 자발적인 사회적 거리 두기뿐이었어요. 일일 신규 확진 환자가 늘어나면, 방역 당국이 강제하지 않아도 시민들이 자발적으로 사회적 거리 두기에 동참하고 생활 방역에 좀 더 신경을 쓰는 것이죠.

이재갑 실제로도 그래요. 방역 당국이 동원하는 정책이나 자원에는 변화가 없는데도, 일일 신규 확진 환자가 늘어나는 추세가 보이면 곧바로 시민들의 사회적 거리 두기가 시작되는 모습이 있습니다. 시민들의 그런 자발적인 방역 참여야말로 바이러스 확산을 막을 수 있는 가장 중요한 동력이었던 셈입니다.

다른 나라는 어떠하였는가?

강양구 미국과 한국 정치인의 리더십을 언급했습니다만, 다른 나라도 마찬가지입니다. 예를 들어 영국이나 브라질 같은 나라는 리더가 엉망이면서 초기부터 지금까지 대응도 엉망진창입니다. 그 피해는 고스란히 시민이 감수하고 있지요. 이 지점에서 앙겔라 메르켈 총리로 대표되는 독일의 대응에 주목하지 않을 수 없습니다.

이재갑 그렇습니다. 독일도 유럽의 이웃 나라처럼 확진 환자가 많이 발생했어요. 하지만 치명률은 4.5퍼센트로 낮습니다(2020년 7월 20일 오전 9시 기준). 이웃 나라 영국(15.4퍼센트), 이탈리아(14.3퍼센트), 스페인(10.9퍼센트), 프랑스(17.2퍼센트) 등과 비교하면 놀라운 수준입니다.

강양구 더구나 독일은 바이러스가 유행하는 상황에서 사회 혼란도 없었어요.

이재갑 안정적인 나라입니다. 평소에도 저력이 있는 강대국이라고 생각했지만, 이번에 대응하는 모습을 보면서 진짜 강대국은 독일이라고 느꼈어요.

강양구 2부에서도 살펴봤지만, 독일의 준비된 의료체계가 이번에 확실히 힘을 발휘했고요. 여기서는 메르켈 총리의 리더십을 이야기하고 싶습니다. 사실 독일 청소년 사이에서는 남자 총리에 대한 거부감이 있다고 합니다. "어떻게 총리나 대통령을 남자가 할 수 있어?" 왜냐하면 어렸을 때부터 총리는 여자였으니까요. 메르켈 총리가 2005년부터 15년째 총리니까요. (웃음)

이재갑 벌써 15년이나 되었나요? 메르켈 총리는 굉장히 합리적인 스타일이에요. 요즘 기준으로 하면 '꼰대' 스타일일 수도 있겠습니다. 하지만 그런 스타일 자체가 시민에게 신뢰를 줍니다. 코로나19를 놓고서 독일 시민과 여러 차례 소통하는 모습만 보더라도 보통 정치인이 아니라는 생각이 들더라고요.

메르켈 총리는 '위험 커뮤니케이션'의 전형을 보여줬습니다. 첫째, 과학에 근거를 두고 정확한 정보를 전달하려고 노력했습니다. 둘째, 바이러스가 공동체에 주는 위기를 있는 그대로 시민과 공유하고자 노력했어요. 공포를 과장하지도 않았지만 그렇다고 섣부른 희망을 주지도 않았습니다. 바이러스를 이겨내는 과정이 굉장히 힘들고 고통스러울 것이라고 경고했으니까요.

강양구 2020년 3월 11일에 이렇게 이야기했죠. "독일 인구의 최대 60~70퍼센트가 감염될 수 있다"고 전망하고 나서, "환자를 치료할 의료체계가 과부하가 걸리지 않도록 확산 속도를 늦추는 데 집중해야 한다"고 말하며 참으로 냉정하고 현실적인 분석과 대안을 시민과 공유했죠. 그런데 여기서 끝나지 않았습니다. 마지막으로 이렇게 덧붙였어요.

"우리의 연대, 우리의 이성, 우리의 가슴(연민)은 이미 서로에 대한 시험대에 놓였습니다. 나는 우리가 이 시험을 통과하리라고 희망합니다."

이재갑 정말로 시의적절한 메시지입니다.

강양구 맞습니다. 지금 세계 곳곳에서 득세하고 있는, 미국의 트럼프 대통령이나 남미의 트럼프라고 불리는 브라질의 자이르 보우소나루 대통령 같은 우파 선동 정치인과는 참으로 다른 모습입니다. 그들은 공포에 짓눌린 시민을 달래려고 혐오를 부추기고, 과학에 근거하기보다는 시민이 듣고 싶은 이야기만 함으로써 결과적으로 자신의 정치적 이익을 도모합니다.

반면에 메르켈 총리는 시민에게 정확하게 위험을 전달하면서도, 그 위험을 통제할 수 있는 현실적인 방법을 제시하죠. 더 나아가 혐오를 부추기기보다는 연대, 이성, 연민을 강조했습니다. 그런 메르켈 총리를 신뢰하는 독일 시민도 대단하고요. 이번에 메르켈 총리의 대응은 오랫동안 기억되리라 확신해요.

바이러스와 민주주의

강양구 이 대목에서 이야기를 조금 확장해보면 좋겠어요. 초기에 바이러스 유행을 비교적 재빠르게 수습한 나라 가운데 중국이 있습니다. 알다시피 중국은 굉장히 독특한 나라입니다. 시장 경제를 채택하고 있지만, 정치 형태는 일반적인 대의제 민주주의가 아닙니다. 오히려 겉모습만 보면 권위주의 국가에 가깝습니다. 당의 결정에 일사불란하게 움직이니까요.

이재갑 사실 중국과 같은 나라가 방역만 놓고 보면 가장 효율적으로 대응할 수도 있어요.

강양구 그런데 중국처럼 할 수 있는 나라는 없잖아요. 이 대목에서 민주주의와 바이러스, 이런 주제로 고민을 확장해볼게요. 영국의 정치학자 데이비드 런시먼David Runciman이 《쿠데타, 대재앙, 정보 권력》(원제: How Democracy Ends)에서 바이러스 유행 등을 놓고서 '실존적 위험Existential risk'이라는 표현을 썼어요.

예를 들어 쿠데타가 발생하면 민주주의에는 재앙이지만 삶은 계속됩니다. 다시 말해 사회는 살아남아요. 하지만 바이러스 유행을 막지 못하면 그 사회 자체가 해체됩니다. 이렇게 사회의 존재를 위협하는 재앙이 바로 '실존적 위험'입니다. 그런데 런시먼은 "민주주의는 실존적 위험을 제어할 수는 없다"고 단언

합니다.

그럴 만하죠. 유권자는 "먹고사는 문제"에 관심을 기울이지, "세상의 종말"을 신경 쓰지 않아요. 2015년 메르스 유행 이후에 감염병에 대비해서 마련하려고 했던 여러 움직임이 힘을 받지 못한 것도 바로 이런 이유 때문입니다. 과학자가 바이러스 유행보다 훨씬 더 심각하게 강조한 '지구 가열Global Heating'이 초래하는 기후 위기Climate Crisis 대응이 어려운 것도 마찬가지고요.

그렇다면 이렇게 생각해볼 수도 있습니다. '실존적 위험에 대비하는 데에는 대의제 민주주의 국가보다 중국과 같은 권위주의 국가가 더 나을 수도 있을까?' 실제로 그런 측면이 있습니다. 지난 10년간 권위주의 중국은 민주주의 인도보다 환경 문제를 해결하는 데 훨씬 더 유능한 모습을 보이고 있어요. 시진핑 치하의 중국은 권위주의 '그린 뉴딜'이라고 부를 법한 변화를 이끌고 있고요. 대기오염을 해결하려는 여러 시도(석탄 화력 발전소 축소와 재생 가능 에너지 확대, 전기 자동차 보급 등)도 성과를 보이고요.

바이러스 유행도 마찬가지입니다. 권위주의 중국의 강력하고 무식하기까지 한 '봉쇄'는 결과적으로 코로나19 바이러스에 가장 맞춤한 대응이었어요. 중국은 아주 짧은 시간에 최악의 상황을 극복하고 일상으로 돌아가고 있고, 엄청난 돈을 쏟아부어서 심지어는 경제 상황까지 반등하는 모습입니다. 물론 앞으로 더 지켜봐야겠지만요.

반면에 미국과 유럽을 중심으로, 특히 시민이 선거로 뽑은 극우 포퓰리스트 정치인은 바이러스로부터 공동체를 지키는 일에 최악의 대응을 하고 있습니다. 앞에서 언급한 미국 트럼프 대통령이나 브라질 보우소나루 대통령은 그 대표적인 예이고요. 독일을 제외한 유럽의 다른 나라도 상황은 마찬가지입니다.

상당수 대의제 민주주의 국가가 군경을 동원해 국경을 폐쇄하고 이동을 가로막는 중국과 같은 '봉쇄'를 결국 피할 수 없었을 뿐만 아니라, 의료체계가 붕괴되어 수많은 사망자가 발생하는 일까지 겪었어요. 최악의 상황을 막지 못했을 뿐만 아니라 수습은 중국과 비교할 수 없을 정도로 굼뜹니다. 역시 민주주의의 실패죠.

이재갑 계속 물음표로 남을 질문을 제기해주셨네요. 하지만 앞에서 강조하셨듯이 한국이나 유럽, 미국이 중국의 권위주의로 갈 수는 없잖아요. 이 기회를 통해 위기 상황에서 제대로 작동하는 체계를 어떻게 마련해야 할지, 또 그 체계를 이끌 좋은 리더를 공동체가 어떻게 만들 수 있을지 고민해야겠죠. 그러면서 대의제 민주주의의 약점을 보완해야겠고요.

강양구 특히 리더! 이번 일을 통해 전 세계 각국 시민도 느끼지 않았을까요? 리더를 정말 잘 뽑아야겠다!

이재갑 맞아요. 감정에 휩쓸려서, 그때그때 인기가 좋은 연예인 같은 사람을 뽑으면 안 됩니다.

강양구 그렇죠. 전쟁이든 바이러스 유행이든 위기 상황이 터졌을 때, 나와 가족 또 공동체의 생명과 재산을 기꺼이 맡길 수 있는 사람. 그런 사람을 리더로 뽑아야 합니다.

Q&A

11 수영할 때 바이러스에 감염될까?

수영이나 해수욕을 할 때 물에 들어 있는 바이러스가 이용자를 감염시킬 가능성은 없다. 일단 코로나바이러스가 물을 매개로 전파된 사례는 없다. 다만, 수영장이나 해수욕장도 많은 사람이 모이면 밀집 환경에서 밀접 접촉이 불가피하다. 이 때문에 호흡기를 통해 바이러스가 사람과 사람 사이에 전염될 가능성은 충분히 있다.

또 수영장이나 해수욕장에서는 탈의실, 샤워장, 식당이나 카페 등 공동 이용 시설에서 이용자 간에 많은 접촉이 일어난다. 이런 접촉 과정에서 바이러스 전파가 일어날 가능성이 있다.

Q&A

12 코로나19 바이러스는 인체 밖에서 얼마나 생존할까?

코로나19 바이러스는 인체(숙주) 밖에서 얼마나 살아남을 수 있을까? 대다수 전문가는 플라스틱, 금속 표면에 바이러스가 일시적으로 생존할 가능성을 인정한다. 그러니 병실 손잡이, 사무실 탁자, 노래방 마이크, PC방이나 콜센터 키보드, 엘리베이터 버튼 등에 묻은 바이러스가 손을 통해 감염될 수 있다.

하지만 바이러스는 숙주 밖에서 오랫동안 생존하지 못한다. 그래서 외부 환경에서 시간이 지나면 타인을 감염시킬 정도의 바이러스가 그대로 남아 있을 가능성은 작다. 예를 들어 택배 상자를 통한 바이러스 전파 가능성을 WHO를 비롯한 대다수 전문가가 "난센스" 취급하는 것도 이 때문이다.

미국 국립보건원NIH 등이 최초로 코로나19 바이러스를 실험실에서 직접 배양해서 여러 환경에서의 생존 가능성을 분석한 연구 결과도 마찬가지다.

① 우선 코로나19 바이러스는 2003년 사스 코로나바이러스와 비교했을 때, 외부 환경에서의 생존력에 차이가 없었다.

② (2003년 사스 코로나바이러스와 마찬가지로) 표면 재질에 따라서 바이러스 생존력에 차이가 있었다. 실험실

환경(21~23도, 40퍼센트 습도)의 플라스틱과 스테인리스 표면에서 코로나19 바이러스가 생존할 가능성이 높았다(평균 최대 2~3일). 반면에 택배 상자 재질의 골판지(평균 최대 24시간), 구리(평균 최대 3시간) 순으로 생존력이 낮아졌다.

③ 하지만 일상생활에서 의미 있는 정보는 앞에서 언급한 최대 생존 시간이 아니다. 왜냐하면 실험실에서 여러 재질의 표면에 말 그대로 뿌려놓은 다량의 바이러스는 시간이 지날수록 사멸하고, 그와 비례해서 감염 가능성은 낮아진다. 연구진은 바이러스의 절반 정도가 사멸하는 시간Half-Life of Viable Virus을 별도로 언급했다.

플라스틱은 6시간 49분, 스테인리스는 5시간 38분, 골판지는 4시간 30분(연구진은 골판지는 실험마다 오차가 커서 해석에 주의를 기울일 필요가 있다고 당부했다), 구리는 평균 46분이었다. 실험실 환경과 다른 일상생활에서는 이보다 바이러스의 생존 시간이 훨씬 더 짧아질 가능성이 크다.

따라서 이 실험 결과를 기계적으로 받아들여서 집 앞 택배 상자에 코로나19 바이러스의 절반 정도가 4시간 30분 정도 생존하리라 생각해서는 안 된다.

택배 상자 표면에 누군가 의도해서 다량의 바이러스를 뿌려놓았을 가능성도 없고, 택배 상자의 운송 환경은 실험실 환경보다 바이러스가 생존하기 훨씬 더 열악하기 때문이다. 또 여전히 손 씻기가 중요하다.

종합하면, 미국 국립보건원 등의 연구 결과는 이렇게 해석해야 합리적이다. 첫째, 코로나19 바이러스의 외부 환경 내 생존력은 과거의 바이러스(사스 코로나바이러스)와 비슷하다. 둘째, 특히 (21~23도, 40퍼센트 습도의) 실내에서 플라스틱이나 스테인리스 표면은 바이러스 오염에 취약하고, 골판지는 걱정할 수준은 아니며, 구리는 상당히 안전하다.

여기서 과학 상식 하나. 그런데 구리 표면에서 바이러스는 왜 생존력이 낮을까? 바로 은 이온이나 구리 이온과 같은 금속 이온의 '미량동 작용 Oligodynamic Action Effect' 또는 미량 살균 작용 때문이다. 은 이온이나 구리 이온이 바이러스의 대사 작용을 방해해서 사멸을 유도하는 효과다.

은 식기, 결투를 벌이다 콧등이 잘리고 나서 구리로 만든 코를 달고 다녔던 천문학자 티코 브라헤 Tycho Brahe, 동전 대부분이 구리를 약 90퍼센트 포함하고 있거나 구리로 도금되어 있는 이유 등이 모두 이런 미량 살균 효과를 노린 탓이다. 요즘 코로나19 바이러스 감염을 차단하고자 엘리베이터 버튼을 구리 이온이 포함된 시트로 덮는 곳이 있는데 마찬가지다.

8장

뉴 노멀과 언택트

한국 사회와 교육

강양구 이제 말도 많고 탈도 많은 교육 이야기를 해보겠습니다. 5월 이후에 여러 위험을 무릅쓰고 등교를 시작해서 유지하고 있습니다. 교육 당국은 계속해서 '등교'라고 하는데요. 저는 '등교'가 아니라 '등교 흉내 내기'라고 표현하고 있습니다. 왜냐하면 학교에서 정상적인 교육이 이루어질 수 있는 상황이 아니거든요.

아이가 아홉 살, 초등학교 2학년입니다. 그런데 일주일에 딱 하루, 오전만 학교에 갑니다. 처음에는 저학년의 돌봄 문제 때문에 정상 등교해야 한다고 주장했는데, 속사정을 살펴보면 거짓말이죠. 왜냐하면 일주일에 딱 하루, 오전만 학교에 가는 것으로 저학년의 돌봄 문제가 해결될 수 없으니까요.

그렇다고 학교에서 제대로 교육이 이루어지지도 않아요. 학교에 있는 내내 원칙적으로는 교사도 학생도 마스크를 착용하고 있어야 합니다. 심지어 수업 중에 학생은 말하는 것조차 금지됩니다. 이렇게 종일 마스크를 착용하고 있어야 하니 교사나 학생이 느끼는 피로감은 장난이 아니죠. 지인의 아이는 고등학교 3학년인데 학교에서 오자마자 피곤해서 쓰러진대요.

마스크를 쓰고 강의까지 해야 하는 교사의 처지는 더욱더 열악합니다. 그러다 보니 있어서는 안 될 불상사까지 있습니다. 제주에서는 마스크를 착용하고 강의하던 교사가 사망하는 일까지 있었어요. 처음에 교사가 쓰러졌을 때, 그 모습을 본 초등학생 아이들은 장난하는 줄 알았다고 합니다. 결국 병원 응급실로 옮겼지만 사망했죠. 그 아이들의 충격이 얼마나 컸을까요?

어떤 분들은 그래도 교실에서 이루어지는 사회적 상호 작용 때문이라도 학교에 보내야 한다고 주장합니다. 현장을 모르는 답답한 이야기입니다. 왜냐하면 방역 때문에 쉬는 시간에도 아이들 사이에 말을 못 하게 단속하거든요. 심지어 쉬는 시간 없이 수업을 붙여서 운영하는 경우도 있고요.

그럴 만합니다. 수업 내내 마스크를 착용하며 답답해하던 아이들이 쉬는 시간에 마스크를 벗고 대화하면서 바이러스를 전파할 위험이 있으니까요. 그러니까 지금 학교에서는 '교육'이 이루어지는 게 아니라 '방역'만 신경 쓰고 있습니다. 그 과정에서 교사와 학생이 고통을 겪고 있고요. 도대체 누구를 위한 등교인지 묻고 싶은 상황이에요.

이재갑 동감입니다.

강양구 교사와 아이들이 마스크 없이 수업을 진행하고, 자유롭게 상호 작용을 할 수 있을 때 비로소 등교 수업이 의미가 있습니다. 지금처럼 교육이 아니라 방역만 하는 등교 수업은 득보다 실이 훨씬 많다고 생각합니다. 도대체 이런 등교 수업을 교육 당국이 밀어붙이는 이유를 모르겠어요.

이재갑 여러 방역 전문가의 조언을 무시하고, 교육부가 등교 수업을 강행한 배경이 무엇인지 저도 궁금합니다. 그런 등교 수업을 왜 하는지. 제가 교육부에 마지막으로 자문했을 때도 5월 초 황금연휴가 끝나고 나서 2주는 기다리면서 상황을 봐야 한다고 조언을 했어요. 그런데 결과적으로 5월 황금연휴 기간부터 수도권 집단감염이 생겼잖아요.

'입시 때문에 급한 고등학교 3학년과 중학교 3학년 등교 수업부터 시작하고 상황을 보면서 아래 학년은 순차적으로 등교해야 한다', '그렇게 등교 수업이 진행되더라도 전 학년이 한번에 나가기는 어렵다', '온라인 수업과 오프라인 수업을 접목해서 함께 운영하는 방안을 고민하자' 등의 조언을 했습니다. 그런데 무작정 등교 수업을 하자는 식으로 나와서 당황했죠.

심지어 그런 결정 과정에서 역할을 했던 교육부 관료가 저한테 이런 이야기를 비공식적으로 하더라고요. "혼날 각오를 하고 있습니다.” 그러니까 그분들도 알았던 거예요. 등교 개학을 할 만한 상황이 아니고, 그렇게 등교 개학을 하더라도 정상적인 교육이 이루어질 수 없다는 사실을요. 아마도 무조건 등교 개학을 해야 한다는 압박을 위로부터 받았겠죠.

강양구 결과적으로 학교 안에서 집단감염은 나오지 않았으니 등교 개학이 맞았다고 이야기하는 분들도 있더라고요. 사실 이유는 따로 있죠. 우선 지금의 등교는 사실 등교 흉내 내기이고요. 결정적으로 교사나 학생이 교육이 아니라 방역에 신경을 쓰다 보니, 그 덕분에 천만다행으로 감염자가 발생해도 집단감염으로 이어지지 않은 것이죠.

화가 나서 등교 이야기로 시작했습니다만, 이 자리에서 짚어볼 문제는 ‘바이러스가 드러낸 또 다른 약한 고리인 우리 교육을 어떻게 바꿀까’입니다. 이 주제를 놓고 학교 현장의 교사와 이야기를 나눌 때, 항상 보여드리는 사진이 있습니다. 100년 전 스페인독감이 유행한 1918년 당시 미국 피츠버그시의 한 초등학교 교실 사진이에요.

사진을 보면 다들 탄식을 지르십니다. 왜냐하면 100년 전과 지금의 교실 모습에 변화가 없어요. 좁은 교실에 수십 명의 아이가 앉아 있죠. 알다시피 이런 학교 교실은 감염병 유행에 굉장히 취약합니다. 교실은 전형적인 ‘3밀’ 환경입니다. 밀폐, 밀집, 밀접! 이런 교실은 어떻게든 바꿔야 합니다.

이재갑 학생 숫자가 줄어서 한 학급당 평균 학생 수가 약 23명 정도입니다. '평균' 학생 수라는 사실에 주목해야 합니다. 도시의 경우에는 한 학급당 학생 수가 약 30명을 넘는 경우도 많고, 심지어 수도권의 경우에는 약 40명을 넘는 경우도 있다고 합니다. 한국 교육의 고질적인 문제였던 과밀 학급이 여전히 존재하는 것입니다.

강양구 일단 그 부분부터 바꿔야 합니다. 한 학급당 인원은 약 15명 수준이 적당하다고 합니다. 그래야 교사가 학생 개개인에게 관심을 가지면서 제대로 교육하는 일이 가능해요. 이렇게 하려면 당연히 교육 재정을 확충해서 교사를 더 뽑아야겠죠. 실제로 임용이 되지 못하거나 기간제로 불안정한 20대, 30대 예비 교사를 염두에 둬도 필요한 조치입니다.

시민 교육의 모범 사례로 유명한 핀란드에서는 한 교실에 교사가 둘이나 셋인 경우가 다반사입니다. 경험 많은 교사와 경험이 부족한 교사가 쌍이 되어서 한 교실에서 교육을 담당합니다. 심지어 핀란드어가 능숙하지 못한 이주 학생이나 장애 학생을 위한 1인 전담 교사가 따로 있기도 합니다.

이렇게 되면 자연스럽게 바이러스 집단감염에 취약한 과밀 학급의 문제도 해결할 수 있을 뿐만 아니라, 교육 효과도 지금과는 비교할 수 없을 정도로 극대화할 수 있으리라 봅니다. 학교 교육의 세 가지 기능(정보 습득, 양육, 사회화) 모두를 효과적으로 수행하려면 교사를 늘리고 한 학급당 인원을 줄이려는 노력이 정말로 필요해요.

더 나아가서는 앞에서 언급한 학교 교육의 세 가지 기능을 꼭 교실 안에서만 해결할 수 있는지도 고민해야 합니다.

이재갑 비록 대학 교육이긴 합니다만, 온라인 수업을 놓고서는 그간 논의가 계속 있었어요. 플립핑 렉처Flipping Lecture, 즉 먼저 온라인으로 수업을 받고 학교에서는 토론 중심으로 진행하는 방식은 그 한 예입니다. 이미 이런 식으로 수업이 바뀐 의과대학도 있고요. 그런 실험을 이참에 확장할 수도 있었죠.

그런데 온라인 수업을 못 하는 많은 이유 가운데 하나로 교사의 준비 부족을 들더라고요.

강양구 이번에 보니까, 막상 해야 하니 뚝딱뚝딱 준비를 하시던데요?

이재갑 교사의 역량을 무시했던 거예요. 물론 교사 가운데도 힘들다, 푸념만 하시는 분들도 있겠죠. 하지만 교사 대부분은 상황에 맞게끔 온라인 교육을 준비하시고 있어요.

강양구 맞습니다. 심지어 그렇게 온라인 교육을 해보니까, 나름의 장점을 발견하신 교사도 많더라고요. 첫째, 학생의 참여가 늘었습니다. 아무래도 오프라인 수업 때는 적극적인 소수의 학생만 질문을 던지거나 의견을 말해요. 그런데 온라인 수업에서 메시지, 댓글, 메일 등을 활용하다 보니 그간 나서지 않았던 학생까지 참여하게 된 것이죠.

또 학생의 수업 성취도를 교사가 곧바로 확인할 수 있게 된 것도 장점입니다. 온라인 수업을 학생이 진짜로 들었는지 확인하기 위해 수업마다 퀴즈를 풀어서 피드백으로 받는 경우가 많아요. 그랬더니 교사가 자기 수업을 들은 학생들이 얼마나 이해했는지 실시간으로 파악할 수 있게 된 것이죠.

중고등학교 선생님 여럿이 충격을 받으셨다고 합니다. 이렇게 많은 학생이 내 수업을 제대로 이해하지 못하고 넘어갔구나. (웃음) 이런 장점 때문에 나중에 오프라인 수업을 하는 상황에서도 온라인 수업을 병행해야겠다고 말하는 분들도 있어요. 온라인 수업과 오프라인 병행 수업의 가능성을 학교 현장에서 모색하기 시작한 것이죠.

이재갑 더구나 월요일부터 금요일까지 모든 학생이 같은 시간에 학교에 나와서 똑같은 내용을 학습하는 지금의 모습도 바꿀 수 있어요. 온라인 수업으로 혼자서 학습해도 괜찮은 내용이 있을 테고, 오프라인 수업으로 여럿이 학교 교실이나 운동장에 모여야 교육 효과가 극대화되는 내용도 있겠죠. 그 두 가지를 병행하면 지금처럼 전 학년이 학교에 주 5일씩 모여서 수업할 이유가 없습니다.

강양구 평균 스무 명이 넘는 학생을 교사가 모두 신경을 써주기는 사실 쉽지 않아요. 하지만 교사도 압니다. 그들 중에는 굳이 교사가 많은 신경을 쓰지 않아도 부모, 즉 가정에서 알아서 챙기는 아이들이 있습니다. 반면 다른 일부는 저소득 가정이든, 조손 가정이든, 가정의 돌봄이나 부모의 지원이 없는 아이들이 있습니다.

만약 교사가 그 가운데 후자에게 좀 더 신경을 쓸 수 있는 환경이 조성된다면 어떻게 될까요? 교육을 통한 불평등 재생산이 조금이라도 완화하지 않을까요? 실제로 그런 사례를 알고 있습니다. 저랑 가까운 한 중학교 교사는 온라인 수업이 진행되면서 평일 남는 시간에 학생 두세 명을 학교로 불러서 부족한 부분을 가르치는 일을 하고 있어요. 이렇게 말하더군요.

"누군가 조금만 더 신경 써주면 잠재력을 훨씬 발휘할 수 있는 아이들이 있어요. 그런데 부모가 없거나 생계 때문에 바빠서, 학원 갈 형편이 안 되어서 그런 기회를 잡지 못하죠. 만약 교사가 그런 아이를 조금만 더 배려할 수 있다면 어떻게 될까요? 마침 온라인 수업으로 시간이 나서 그런 실험을 해보고 있습니다."

이재갑 항상 위기의 순간에 새로운 도전이 시작됩니다.

강양구 맞습니다. 1학기 내내 온라인 수업을 진행한다면, 2학기에는 좀 더 다른 여러 실험이 현장에서부터 나올 텐데. 지금은 변화를 시작만 하다 말았어요.

이재갑 온라인 교육을 위한 시스템도 만들었는데 말이에요. 하지만 이번에 학교 교육에 변화가 필요하다는 현실을 모두가 자각했고, 일부 실험도 해봤으니 분명히 변화가 생길 것입니다.

취약한 구조와의 진지한 대면

강양구 자, 이제 드디어 뉴 노멀이라는 키워드입니다. 앞에서 강조했듯이 감염병 유행은 이번 한 번으로 끝나지 않을 거예요. 언제 어디에서 그리고 어떤 수준으로 올지 모르는 감염병 위험에 늘 대비해야 합니다. 이런 상황이 예외 상태가 아니라 일상 상태가 되는 일, 그리고 그에 걸맞은 정치·사회·경제 시스템을 만드는 일이 뉴 노멀이겠죠.

이재갑 일상생활에서 바이러스 전파를 차단할 수 있는 삶을 살려면 가능한 한 사람들을 만나지 않아야 합니다. 요즘 말하는 '언택트'이지요. 사람들이 밀집하지 않는 환경을 만들어야 하고, 그 안에서 개인위생을 지킬 수 있는 생활을 해야 하기에 우리가 지금껏 이야기했던 취약한 사회 구조도 개혁되어야 하고요.

강양구 뉴 노멀에 맞게끔 사회 구조를 바꾸면 지금 우리 사회에서 문제점이라고 생각되는 여러 요소도 고칠 수 있어요.

이재갑 맞습니다. 제가 급진적인 성향의 사람은 아니지만, 노동 문제도 그런 식으로 고민하고 있어요. 요즘 여기저기서 논의되는 기본 소득 제도도 이렇게 해석해보곤 합니다. 바이러스 유행을 걱정해야 하는 사회에서는 한곳에 여럿이 모여서 일하는 노동 환경의 조정이 불가피합니다. 그렇다면 이렇게 해보면 어떨까요?

한곳에 여럿이 모여서 일할 수 없다면, 시간을 나누는 방식을 생각할 수 있겠습니다. 한 사람이 한 공간에서 여덟 시간을 일하는 게 아니라, 그 공간에서 두 사람이 네 시간씩 일하는 거예요. 한 사람이 할 일을 두 사람이 하니 실업 문제 해결에 도움이 되겠죠. 물론 일이 반으로 줄었으니 소득도 반으로 줄 거예요. 그 반을 기본 소득으로 채워주면 어떨까요?

감염병 전문가가, 더구나 한국 사회에서 이런 이야기를 하면 '공산주의자' 소리를 듣기 십상이겠습니다만. 이렇게 바뀌어야 모두가 살 수 있습니다.

강양구 맞습니다. 저성장이 만성화된 산업 사회에서 그런 식의 노동 시간 단축을 통한 일자리 공유, 또 그에 대한 보상으로서 기본 소득을 1980년대부터 이야기했던 앙드레 고르Andre Gorz(1923~2007년) 같은 지식인이 있었습니다. 2020년 6월 25일에 세상을 뜨신 〈녹색평론〉의 김종철 발행인도 비슷한 고민을 하셨고요. 감염병 전문가인 이 교수님을 통해서 같은 의견을 들으니 더욱더 의미심장합니다.

저성장의 대안으로서 탈성장까지 공공연하게 이야기되는 상황에서 지금처럼 경쟁이 심한 노동 시장과 인간을 부속품처럼 부려먹는 노동 환경을 계속 유지할 수 있을지, 또 인공지능 로봇 빅 데이터 등이 우리의 노동에 미치는 부정적 영향을 어떻게 최소화할지 등을 고민하면서 함께 생각해야 할 대안이라고 봅니다.

그런 고민의 물꼬를 바이러스가 터준 것이죠. 예를 들어 조건 없이 전 국민에게 가구당 최대 100만 원의 긴급 재난 지원금을 지급하기도 했습니다. 사실은 재난 상황에서 일종의 기본 소득 실험을 해본 것이죠. 이렇듯 앞으로 기본 소득 같은 새로운 제도가 일상생활에서 어떻게 활용될 수 있을지 그 가능성을 모색하는 시도도 계속해서 이어질 거예요.

이재갑 앙드레 고르나 김종철 발행인이 저와 비슷한 고민을 가지셨다고 하니 더욱더 반갑습니다.

새로운 시대의 변화:
작지만, 훨씬 큰 감동을

강양구 그런데 교수님, 지금 감염병이 너무 줄었잖아요. 확인하셨죠? 아주 극적인 통계를 소개해볼까요?

질병관리본부가 감염병 현황을 집계했더니 아데노, 리노 등 일곱 개 바이러스에 의한 급성 호흡기 감염병 입원 환자가 4월 26일부터 5월 2일까지 일주일 동안 3명으로 집계됐어요. 리노 바이러스 감염증만 3명 생겼을 뿐 나머지는 0명입니다. 감기보다 좀 더 심해 종합병원에 입원한 환자들이죠. 지난해(2019년) 같은 기간에는 2,046명이 발생했거든요.

다른 감염병도 마찬가지입니다. 유행성 각결막염, 급성 출혈성 각결막염 등 안과 감염병도 크게 줄었어요. 질병관리본부가 표본 감시 의료기관 92곳을 찾은 환자 1,000명당 유사 환자 비율을 살폈더니, 4월 26일부터 5월 2일까지 4.8명으로 나왔습니다. 지난해(2019년) 같은 기간에는 17명이었죠.

수두, 유행성이하선염(볼거리) 같은 감염병도 줄었습니다. 3~4월 수두 환자는 지난해(2019년) 1만 1,568명에서 올해 3,764명으로 67퍼센트나 줄었습니다. 동네 내과, 이비인후과, 소아청소년과 등도 환자가 줄어들어서 아우성입니다. 바이러스 유행 때문에 환자가 병원을 기피하는 탓도 있지만, 앞에서 살폈듯이 아예 감기 환자가 줄어든 것도 영향을 줬겠죠.

이재갑 그렇죠. 그 부분은 예측했어요. 언택트 사회가 되면서 감염병으로부터 아주 안전한 사회가 되었습니다.

강양구 손을 잘 씻고, 접촉하는 빈도만 줄여도 이렇게 많은 질환이 줄다니……. 여태껏 우리가 얼마나 더러운 환경에서 살았던 걸까요? (웃음) 개인위생에 신경 쓰면서 사회적 거리 두기를 하다 보니 철 따라서 유행을 당연시하던 감염병이 사라졌습니다. 예를 들어 올해는 계절 독감 주의보도 작년(2019년)보다 12주(3개월)나 빨리 해제되었습니다.

이재갑 과거에도 그랬어요. 2009년 신종플루 때도 안과 질환이 싹 사라졌거든요. 이번에도 사람들이 개인위생에 신경 쓰고, 잘 만나지 않으니까 아예 감염병이 유행을 안 하더라고요. 시민들의 사회적 거리 두기가 강화된 시점이 2월 중순부터였죠. 병원에 와 있는 환자들을 대상으로 인플루엔자 검사를 해봤더니 그 시기부터 제로였어요.

강양구 저는 우리 사회도 마찬가지라는 생각이 듭니다. 지금까지 우리가 사회의 약한 고리를 이곳저곳 살펴봤어요. 그런 약한 고리를 없애려고 노력한다면, 지금보다 훨씬 더 건강하게 함께 어울려 사는 사회가 될 수 있어요. 우리가 당연시하면서 외면해왔던 것들을 이 기회에 돌아보고 개선할 수 있는지를 살피자는 거예요.

덧붙이면, 이런 것도 함께 생각해보면 좋겠어요. 언택트 사회를 말하면, 꼭 사람은 만나야 한다고 눈을 치켜뜨는 분들이 있습니다. 그런데 어쩌면 우리는 굳이 꼭 만날 필요가 없는 사람과 너무 많은 시간을 보내고 있는지도 몰라요. 언택트 사회는 정말로 꼭 만나야 하는 사람, 곁에 둘 소중한 사람과 더 많은 시간을 보내는 그런 세상입니다.

《우아하고 호쾌한 여자 축구》의 저자 김혼비 작가님이 있습니다. 얼마 전에 그분과 오랜만에 만났어요. 요즘 사람을 보는 일이 줄어서, 한 달 만의 외부 만남이라고 하시더라고요. 그러면서 이런 이야기를 하셨어요. 요즘 같은 때에 자기가 사람을 만나는 기준이 이렇대요. 바이러스가 옮는다고 하더라도 원망스럽기는커녕 그 사람이 걱정될 그런 관계만 본다고요.

당연히 기분이 좋았죠. 그러고 나서, 이런 깨달음이 들었습니다. 우리가 언택트 사회라고 해서 모두와 관계를 끊고 사는 건 아니잖아요. 이런 상황일수록 꼭 만나고 싶은 사람, 자신에게 의미가 있는 사람과의 관계망은 더 강해질 거예요. 그러면서 인간관계의 결속도 훨씬 더 강해지고 깊어지고 충만해질 테고요.

이재갑 2020년 4월 19일에 고강도 사회적 거리 두기가 끝나면서, 유흥업소 출입 금지도 해제가 되었어요. 그 주된 이유 가운데 하나가 경제 논리겠죠. 우리나라에서는 경제가 안 돌아가면, 기업 같은 법인이 유흥업소 등에서 흥청망청 접대라도 해서 돈이 돌게 하려는 관행이 있었잖아요. 그런데 바이러스가 유행하는 상황에서는 이런 접대가 불가능합니다.

그 대신 이런 변화를 꿈꿀 수 있지 않을까요? 바이러스가 유행하면서 고통을 받는 분들이 문화 예술계 종사자입니다. 고정 수입이 없는 작가는 책으로만 먹고살기 어려우니까 강연 수입에 의존해왔어요. 그런데 강연을 하지 못합니다. 공연장이 문을 닫으니 연기자나 연주자 등도 어려운 처지입니다.

하지만 책을 읽는 일은 아주 안전합니다. 대규모 공연은 위험하지만 소규모 공연은 방역의 관점에서 보면, 오히려 안전합니다. 이런 소규모 공연이 활성화되면 연기자나 연주자에게도 좋은 기회가 될 수 있겠죠. 룸살롱에서 공연장으로, 유흥의 패러다임이 바뀌는 계기가 될 수도 있다는 거예요.

강양구 동감입니다. 예컨대 바이러스에 강한 서점 공간을 생각해보면, 교보문고 같은 대형 서점은 방역에 취약한 공간입니다. 오히려 동네 작은 서점이 방역에는 강할 수가 있어요. 방금 언급하신 것처럼 공연장도 대형 공연장보다는 작은 규모의 야외 공연장, 중소형 공연장이 방역에는 안전합니다. 그런 변화는 문화 생태계의 다양성을 북돋는 데도 오히려 도움이 됩니다.

이재갑 저도 동감합니다. 뉴 노멀 시대에는 작으면서도 효과적인, 그러나 훨씬 더 큰 감동을 주는 만남이 살아남게 되겠지요. 그런 만남이 세상을 어떻게 바꿀지 기대됩니다.

에필로그

어떻게 바이러스와 살아갈까?

강양구

나는 기자 생활을 감염병과 함께 시작했다. 2003년 기자 생활을 시작하자마자, 21세기 첫 신종 감염병인 사스가 전 세계를 강타했다. 중국 홍콩의 한 호텔에서 전 세계로 퍼져나간 바이러스가 불과 6주 만에 캐나다 등을 찍고 세계를 한 바퀴 돌아서 다시 동남아시아(필리핀)로 돌아오는 모습은 무섭기까지 했다.

다행히 사스는 운 좋게 대한민국을 비켜갔다. 그때부터였다. 신종 감염병에 남다른 관심이 생겼다. 틈틈이 취재와 공부를 병행했다. 대학에서 생명과학을 공부하면서 바이러스와 세균 등에 대한 아주 기본적인 지식을 갖춘 것도 조금은 도움이 되었다. 그러고 나서 2009년에는 신종플루가 유행했다.

신종플루 유행을 취재하면서, 끊임없이 신종 인플루엔자 바이러스가 등장하는 맥락을 살피고 나니 마음이 더욱더 급해졌다. 지구 가열이 초래하는 기후 위기, 소와 돼지, 닭, 오리 등을 대량 사육하는 축산업 그리고 끊임없는 생태계 파괴 등이 바이러스 유행과 무관하지 않았기 때문이다.

2015년에는 또 다른 신종 코로나바이러스 메르스가 중동에서 한국으로 들어왔다. 그때는 아주 작은 역할도 했다. 메르스가 수도권을 중심으로 유행할 때, 방역 당국은 감염 병원 실명을 포함한 기본적인 역학조사 결과를 시민과 공유하는 일을 꺼렸다. 괜한 정보 공유가 시민의 혼란과 공포를 부추기리라고 여겼다.

당시 메르스 유행을 취재하던 나는 생각이 달랐다. 비공개 방침이 오히려 바이러스 유행을 부추기는 것으로 보였다. WHO의 권고를 포함해, 다양한 배경의 감염병 전문가와 의견을 나눴다. 결국 나는 정부 방침을 거스르고 당시까지 취재로 확인한 방역 당국의 역학조사 결과를 삼성서울병원을 비롯한 이른바 '메르스 감염 병원' 실명과 함께 공개했다.

정부의 제재와 해당 병원의 소송 등을 각오한 어려운 결정이었다. 하지만 뜻밖에 반전이 있었다. 많은 시민의 격려가 이어졌고, 다른 언론도 역학조사 정보 공개 움직임에 동참하기 시작했다. 결국 방역 당국을 포함한 정부도 공개 방침으로 전환했다. 감염병이 유행할 때 투명한 정보 공개를 통해서 시민을 방역에 참여시키는 정책 전환이 이루어진 것이다.

*

한국 방역의 중요한 특징으로 거론되는 '투명성'에 기반을 둔 '시민 참여'의 첫 물꼬를 트는 데에 작게나마 이바지한 일은 기자 생활 내내 자랑거리로 남을 것이다. 그러고 나서 다시 5년이 지나고 또 다른 신종 코로나바이러스 코로나19가 우리를 덮쳤다. 2003년, 2009년, 2015년 세 번의 경험을 토대로 시민에게 정확한 정보를 알리는 데에 최선을 다했다.

20년 가까이 걱정했던 신종 바이러스의 전 지구적 대유행은 막연히 생각했던 것보다 훨씬 파장이 컸다. 전 세계가 동경하던 유럽과 미국 사회는 갑작스러운 바이러스 충격에 어처구니없을 정도로 쉽게 무너졌다. 글로벌 스탠더드가 된 서구의 대의제 민주주의와 그에 기반을 둔 정치적 리더십도 무력했다.

그 사이, 각각의 사회 공동체가 안고 있는 여러 문제가 민낯을 드러냈다. 빈곤, 이주, 인종 차별, 고령사회를 둘러싼 문제가 바이러스 유행과 맞물려 여러 희생과 다양한 갈등을 낳았다. 평소에는 감춰져 있었던 혐오 또한 곳곳에 똬리를 틀고서 노골적으로 공동체의 분열을 조장했다.

놀랍게도, 현대 과학기술도 한계가 또렷했다. 신종 바이러스 앞에서 백신이나 치료제는 생각만큼 뚝딱뚝딱 세상에 등장하지 않았다. 바이러스를 막을 수 있는 가장 효과적인 방법이 고대, 중세 시대 때부터 실천해왔던 사회적, 물리적 거리 두기라는 사실은 얼마나 기막힌 세상의 역설인가. 바이러스 앞에서 과학기술은 겸손해질 수밖에 없었다.

*

이런 상황을 놓고서 가장 자주 머리를 맞대고 때로는 조언을 구하고, 때로는 토론을 했던 현장의 전문가가 이재갑 교수다. 뜨거운 열정과 냉철한 이성을 겸비한 감염내과 전문의 이 교수와는 메르스 유행 때부터 본격적으로 교류하기 시작했다. 서로 신종 바이러스의 새로운 정보를 공유하고, 방역 정책을 놓고서 토론하고, 때로는 함께 분노하고 성찰했다.

그러다 이재갑 교수와 나누었던 경험과 고민을 좀 더 많은 시민과 함께 공유해야겠다는 생각이 들었다. 이 교수에게 처음 책 집필을 권하고, 이렇게 같은 책의 저자로 이름을 올리게 된 이유다. 어쩔 수 없이 2020년을 바이러스와 살아왔고, 앞으로도 살아가야 할 당신과 함께 지금 우리가 선 자리를 점검해보고 싶었다.

바이러스와 살아가는 이 경험을 어떻게 성찰하고 또 새로운 변화의 동력으로 삼느냐에 따라서 미래는 크게 달라질 수 있다. 이재갑 교수와 함께 작업한 이 책이 그 다른 미래를 상상하고 만드는 데 낮은 목소리의 발제 역할을 할 수 있다면 좋겠다. 이제 당신이 목소리를 들려줄 차례다.

우리는 바이러스와 살아간다

1판 1쇄 펴냄 | 2020년 8월 28일
1판 4쇄 펴냄 | 2023년 5월 18일

지은이 | 이재갑 · 강양구
발행인 | 김병준
편　집 | 정혜지
디자인 | 정은경 · 이순연
마케팅 | 김유정 · 차현지
발행처 | 생각의힘

등록 | 2011. 10. 27. 제406-2011-000127호
주소 | 서울시 마포구 독막로6길 11, 우대빌딩 2, 3층
전화 | 02-6925-4183(편집), 02-6925-4188(영업)
팩스 | 02-6925-4182
전자우편 | tpbook1@tpbook.co.kr
홈페이지 | www.tpbook.co.kr

ISBN 979-11-85585-66-6 03300

이 도서의 국립중앙도서관 출판예정도서목록(CIP)은
서지정보유통지원시스템 홈페이지(http://seoji.nl.go.kr)와
국가자료종합목록시스템(http://kolis-net.nl.go.kr)에서
이용하실 수 있습니다.(CIP제어번호: 2020028205)